A Primeira História do Brasil

MAR OCCEANO

Pero de Magalhães de Gândavo

A Primeira História do Brasil

História da província Santa Cruz a que vulgarmente chamamos Brasil

2ª edição

Modernização do texto original de 1576 e notas:

Sheila Moura Hue
Ronaldo Menegaz

Revisão das notas botânicas e zoológicas:

Ângelo Augusto dos Santos
Doutor em ecologia vegetal, Universidade de Languedoc

Prefácio : Cleonice Berardinelli

ZAHAR

Jorge Zahar Editor Ltda.
rua Marquês de S. Vicente 99 – 1º | 22451-041 Rio de Janeiro, rj
tel (21) 2529-4750 | fax (21) 2529-4787
editora@zahar.com.br | www.zahar.com.br

Edição anterior: 2004

Projeto gráfico e editoração:
Mari Taboada

Capa:
Folio Design

Fontes iconográficas:
Mapa da capa: Giovan Battista Ramusio, *Delle navigationi et viaggi*, vol.1, 1550-9 (3 vols.)
Mapa da folha de rosto: *História da província Santa Cruz*, manuscrito, Real Biblioteca del Monasterio de San Lorenzo del Escorial
Figura do monstro marinho (capa e miolo) e fac-símiles (miolo): *História da província Santa Cruz*, edição original de 1576, Biblioteca Nacional, Rio de Janeiro

Gândavo, Pero de Magalhães de
G186p A primeira história do Brasil: história da província Santa Cruz
2.ed. a que vulgarmente chamamos Brasil / Pero de Magalhães de Gândavo; modernização do texto original de 1576 e notas, Sheila Moura Hue, Ronaldo Menegaz; revisão das notas botânicas e zoológicas, Ângelo Augusto dos Santos; prefácio, Cleonice Berardinelli. – 2.ed. – Rio de Janeiro: Zahar, 2004

Inclui bibliografia
ISBN 978-85-7110-762-5

1. Brasil – História. 2. Brasil – Descrições e viagens – Obras anteriores a 1800. 3. América – Narrativas anteriores a 1600. I. Hue, Sheila Moura. II. Menegaz, Ronaldo, 1934-. III. Santos, Ângelo Augusto dos. IV. Berardinelli, Cleonice, 1916-. V. Título.

CDD: 981.001
04-1164 CDU: 94 (81).013

SUMÁRIO

PREFÁCIO

Não são freqüentes em nosso país edições de obras de mais de quatrocentos anos como esta *História da província Santa Cruz*, de Pero de Magalhães de Gândavo, publicada pelo primeiro editor d'*Os Lusíadas*, Antônio Gonçalves, em 1576. Não o são por várias razões, a primeira das quais será, possivelmente, o não haver quem por elas se interesse a ponto de se lançar à tarefa de preparação de uma obra quinhentista, com vocabulário e sintaxe em parte inacessíveis ao leitor contemporâneo, para a este proporcionar uma leitura sem percalços que lhe impeçam a fruição do texto. A segunda razão será a competência necessária para tal empreendimento — um conhecimento seguro do momento histórico e cultural que ensejou o surgimento da obra, o domínio da língua nela utilizada pelo autor, o convívio com outras obras da mesma época —, competência múltipla, pois, e não facilmente encontrada. A terceira será o reconhecimento, por parte de uma empresa editora, da importância de um trabalho como o que agora vem à luz, comprovando que desta vez foram vencidas as dificuldades.

Dois doutores em literatura portuguesa e com segura formação filológica — Sheila Moura Hue e Ronaldo Menegaz — decidiram encetar a tarefa, atraídos pela qualidade intrínseca — mas não só — da obra de Pero de Magalhães de Gândavo, e a levaram a cabo.

A Introdução, da autoria de Sheila Hue, deixa transparecer em seu discurso um certo tom, diríamos, afetivo, mas fundamentado na justa avaliação dos fatos, com que tinge: 1) a apresentação do autor — valorizando-o como homem do Renascimento, multifacetado, conhecedor do latim e do português (gramático, pois), e ao mesmo tempo zoólogo, botânico, geólogo, etnólogo, excelente cronista, ou antes, historiador, termo que melhor o situa dentro de um gênero que despontava no século XVI português — e 2) o relato do esquecimento a que foi votada a quarta versão da *História da província Santa Cruz*, "livro que inaugurou a historiografia e a geografia brasileiras" só reeditada no século XIX, em francês, por Henri Ternaux, seu tradutor, que, prefaciando-a, "lamentava a indiferença dos portugueses e espanhóis por um de seus melhores autores e por uma das obras mais notáveis que surgiram no século XVI". O aparecimento da tradução de Ternaux teve expressiva acolhida; vinte e um anos depois, em 1858, reeditou-se a *História* em Portugal e no Brasil.

Esse esquecimento de quase três séculos, atribui-o Sheila Hue à "política de segredo que ainda cercava as possessões americanas da coroa portuguesa", talvez "por conter informações que a Coroa portuguesa não gostaria de ver divulgadas, numa época em que as costas brasileiras eram constantemente assediadas por navios estrangeiros". O *talvez* que empreguei pouco atrás retoma a dúvida prudente que a pesquisadora exprime com o mesmo advérbio, reforçado pelas locuções verbais "possam ser explicados" (os anos de esquecimento) e "pode ter sido retirado" (o livro, de circulação), mas trazendo em seu apoio a palavra autorizada de Gabriel Soares de Sousa, num manuscrito de 1587, a apontar para o "perigo em que está de chegar à notícia dos luteranos parte do conteúdo deste trabalho" [referindo-se ao seu *Tratado descritivo do Brasil*].

Atendo-se rigorosamente às informações de que dispõe e a que teve acesso em pesquisa séria e inteligente, a ensaísta transmite ao leitor, sobretudo ao leitor brasileiro, a sua bem fundamentada admiração pelo escritor culto, amante da verdade, baseado na experiência dos fatos, conhecedor da língua que procura ensinar aos seus patrícios, dando-lhes regras de ortografia para ajudá-los a bem escrever e utilizando na sua *História* uma linguagem simples que atinja um público não culto, num gesto altamente simpático de dar a conhecer, mesmo àquele "'vulgo' que não sabia latim ou para os que 'nestes reinos vivem em pobreza'", essa terra nova que vê com olhos curiosos, interessados, competentes, nunca antagônicos. Há, na *História*, descrições de grande força e beleza — da gente, dos animais, da natureza — em que transparece a empatia do narrador para com o narrado, a nova terra. Esta empatia terá contribuído, possivelmente, para a persistência com que Gândavo refez três vezes essa sua obra, apurando-a sempre mais e publicando, enfim, a sua quarta versão, de onde procurou retirar tudo que lhe parecia fantástico ou duvidoso.

É desse livro antigo — que traz ao conhecimento dos leitores contemporâneos a primeira história de uma terra recém-descoberta, tão bela e tão diversa da sua, livro ao qual o autor consagra boa parte da vida a escrever e reescrever — que se dá agora uma edição feita com rigoroso cuidado, respeitado o texto original com algumas "pequenas alterações lexicais, morfológicas e sintáticas", feitas com o fito de facilitar a leitura dos não-especialistas na linguagem quinhentista. Dir-se-ia que os editores retomam o critério do autor, fazendo chegar o livro àquele "vulgo" que esbarraria nas formas e construções arcaizantes do texto, perdendo em parte o prazer da sua fruição, objetivo ressaltado nas últimas palavras da "Nota sobre esta edição", assinada pelos dois editores.

Mencionei a princípio as possíveis três razões principais que justificariam a raridade de edições como a que tenho imensa satisfação de prefaciar e só falei, até agora, em duas. É tempo de dar o devido valor à terceira: a existência de uma empresa editora que aceitou o desafio de publicá-la e o faz com a habitual correção e senso estético que são seu apanágio desde muito.

Regozijem-se, pois, os leitores em geral, pela oportunidade de poder, afinal, ter em mãos uma obra tão importante e injustamente tão pouco conhecida; regozijemo-nos ainda mais os leitores brasileiros, pois, conhecedores, na sua maioria, da Carta de Achamento, de Pero Vaz Caminha (alcunhada, durante os festejos do quinto centenário do Brasil, de nossa "certidão de nascimento") poderemos agora acrescentar, ao primeiro olhar do escrivão de d. Manuel, este outro, lançado com muito mais detença — o olhar de Pero de Magalhães de Gândavo — e, através dele, ver as paisagens e as gentes do nosso país, em descrições muito mais longas e demoradas, e acompanhar os primeiros passos da nossa História, na rota sabiamente traçada por sua pena.

E regozijo-me eu, pessoalmente, por participar deste lançamento, mesmo modestamente, na qualidade de arauto de boas novas, pedindo aos futuros muitos leitores deste livro, como se fazia em tempos de antanho, "alvíssaras", meus amigos!

CLEONICE BERARDINELLI
UFRJ / PUC-Rio

NOTA SOBRE ESTA EDIÇÃO

Para esta leitura da *História da província Santa Cruz*, de Pero de Magalhães de Gândavo, usamos o texto da primeira edição de 1576, cuja grafia e pontuação modernizamos de acordo com as normas vigentes. Nosso intuito foi apresentar um texto que pudesse ser lido e apreciado por leitores comuns, não necessariamente iniciados no conhecimento do português do século XVI nem interessados nos problemas da filologia. Preferimos que o leitor participasse do sabor das primeiras informações sobre a terra, a gente e as coisas do Brasil que Gândavo nos apresenta, sem os tropeços que a língua quinhentista ainda pode colocar para alguns. Assim, modificamos certas construções sintáticas não usuais, simplificando-as e tornando-as mais de acordo com o uso atual. Por exemplo, a construção "por respeito de ter muitos arvoredos" transformamos em "por ter muitos arvoredos"; "com ser tão grande", alteramos para "embora sendo tão grande".

Para uma mais fácil compreensão do texto, substituímos, quase sempre, o emprego do pretérito mais-que-perfeito simples do indicativo pelo pretérito imperfeito do subjuntivo ou pelo futuro do pretérito, conforme o caso. Desse modo, por exemplo, o período "que parecera descuido não foram" foi transcrito "que pareceria descuido não fossem".

Temos a certeza de que as pequenas alterações lexicais, morfológicas e sintáticas que levamos a efeito não alteraram em nada o conteúdo e a fruição do estilo desse interessantíssimo texto de nosso primeiro historiador.

SHEILA MOURA HUE
RONALDO MENEGAZ

INTRODUÇÃO

Peripécias de um livro

Da pequena oficina tipográfica de Antônio Gonçalves, em Lisboa, saíram aproximadamente 38 livros, que viriam a ter destinos bastante diversos. Um deles, *Os Lusíadas*, de Luís de Camões, impresso numa edição descuidada em 1572, viria a ser o cânone por excelência da língua portuguesa. Outro, da mesma leva de novos autores, escrito por um humanista e gramático português, amigo de Camões, e também impresso numa edição modesta, bem aquém das bonitas impressões dos livros para a Igreja que Antônio Gonçalves costumava fazer, viria a juntar-se ao grande número de impressos quinhentistas completamente esquecidos. A *História da província Santa Cruz*, livro que inaugurou a historiografia e a geografia brasileiras, só foi redescoberta séculos mais tarde, pelo historiador francês Henri Ternaux, que a traduziu e a publicou no segundo volume da coleção "Voyages, relations et mémoires originaux pour servir à l'histoire de la découverte de l'Amérique", em 1837. No prefácio dessa edição, Ternaux lamentava a indiferença dos portugueses e espanhóis por um de seus melhores autores e por uma das obras mais notáveis que surgiram no século XVI: "Posso apresentar esta obra como um dos livros sobre a América menos conhecidos e mais dignos de o ser." Curiosamente, esta fórmula continua válida, hoje, no Brasil, onde Gândavo e sua obra pioneira são pouquíssimo conhecidos.

Os quase trezentos anos de esquecimento da obra de Gândavo talvez possam ser explicados pela política de segredo que ainda cercava as possessões americanas da coroa portuguesa. Enquanto no resto da Europa se multiplicavam as edições dos livros de Hans Staden e de Jean de Léry sobre o Brasil, em Portugal o livro de Gândavo, além de não ter sido reeditado, pode ter sido retirado de circulação por conter informações que a coroa portuguesa não gostaria de ver divulgadas, numa época em que as costas brasileiras eram constantemente assediadas por navios estrangeiros. Essa suposição ganha força ao lermos a declaração de Gabriel Soares de Sousa em seu manuscrito *Notícia do Brasil*, redigido em 1587:

> Pondo os olhos no perigo em que está de chegar à notícia dos luteranos parte do conteúdo deste trabalho, para fazerem suas armadas e se irem povoar esta província, onde com pouca gente que levem bem armada se podem senhorear dos portos principais ..., que Deus não permita, de cuja bondade confiamos que deixará estar estes inimigos da nossa santa fé católica com a cegueira que até agora tiveram, de não chegar à sua notícia o conteúdo deste tratado.

E, assim, o mercado editorial português da época, pródigo em edições sobre a Índia, não reeditou a obra de Gândavo e não publicou outros manuscritos, como o de Sousa, que porventura existissem, que descreviam geograficamente a costa brasileira e davam esperançosos indícios da existência de ouro e prata nos sertões ainda por desbravar. Mas a *História da província* foi bem conhecida pelos contemporâneos, sendo citada por vários historiadores portugueses da época e tendo servido de inspiração para o romance *Les trois mondes* [Os três mundos], de Lancelot Voisin de la Poppellinière, impresso em Paris em 1582.

A tradução francesa de Henri Ternaux provocou uma corrida de ávidos bibliófilos aos raros exemplares da primeira edição de 1576, comprados a preço muito elevado. Mas a principal conseqüência dessa redescoberta foram as duas publicações, em português, feitas no mesmo ano de 1858, em Portugal e no Brasil, da *História da província*. Finalmente, vinte e um anos após o resgate de Terneaux, e quase trezentos anos depois da primeira edição, a primeira História do Brasil ganhava uma segunda edição em sua língua original.

Pero de Magalhães de Gândavo e suas obras escritas para o povo

Pouco se sabe sobre a biografia do autor da *História da província*. Diogo Barbosa Machado, o grande bibliógrafo setecentista, registra que nosso autor nasceu em Braga, onde teve uma escola de latim e onde foi casado. Sabe-se também que Gândavo era de origem flamenga, pois o sobrenome é derivado de Gand, importante cidade de Flandres com que Portugal mantinha relações comerciais. Existem, ainda, alguns poucos documentos que indicam que Gândavo foi "moço da câmara" do rei d. Sebastião, esteve trabalhando na Torre do Tombo "trasladando" alguns livros e papéis, e que, após a publicação de seu livro sobre o Brasil, foi nomeado provedor da fazenda da cidade de

Salvador, na Bahia, cargo que, provavelmente, nunca exerceu. Se são escassos os dados oficiais sobre Gândavo, as duas obras que publicou muito revelam sobre seu caráter, sua determinação, suas intenções e convicções. Numa época em que a maioria dos autores temia a divulgação possibilitada pela imprensa, e em que ainda se publicavam, em latim, obras eruditas pontuadas por citações de autores gregos e latinos, Gândavo, sem estar vinculado a universidades ou a cargos de relevo como os demais autores, levou à tipografia de Antônio Gonçalves dois livros que se destacam pela simplicidade da linguagem e por se destinarem a um público não culto.

Sua primeira obra a sair do prelo, "a rogo de amigos", foi um pequeno livrinho de conteúdo gramatical com o longo título *Regras que ensinam a maneira de escrever e ortografia da língua portuguesa, com um diálogo que adiante se segue em defensão da mesma língua*, publicado em 1574. Dirigida àqueles que não tinham "inteligência de latim" e que escassamente sabiam "que coisa é nome e que coisa é verbo", a gramática de Gândavo, e o divertido diálogo que a acompanha, contrastava fortemente com as alentadas e copiosas gramáticas de sua época, como as de Fernão de Oliveira e João de Barros. Com a declarada intenção de ser um guia fácil para os que escreviam (mal) o português, as *Regras* parecem ter atingido plenamente o seu público alvo, vindo a tornar-se o livro de gramática mais lido em Portugal, única obra do gênero a merecer três edições no século XVI. Note-se que, na época, muitos trabalhos não chegavam às tipografias pelo receio de seus autores às críticas que os "curiosos" leitores certamente fariam. Gândavo demonstra em seus prólogos uma independência e uma convicção pouco comuns entre seus contemporâneos. Basta dizer que dois anos após a publicação das *Regras* sai um novo livro de gramática, cujo autor, o então renomado advogado Duarte Nunes do Leão, autor de vários livros impressos, declara não a ter publicado antes por recear as "murmurações [dos] muitos contraditores". Na *História da província*, Gândavo — que não tinha um décimo do prestígio de Nunes do Leão — afirma, desabridamente, não temer as inevitáveis críticas "dos idiotas e maldizentes ..., pois está certo não perdoarem ninguém".

Gândavo não era um autor institucional, não escrevia para a aristocracia ou para os intelectuais — os então chamados "altos espíritos" —; adotava um estilo "fácil e chão", sem empregar "epítetos preciosos" ou "outra formosura de vocábulos" indispensáveis para os escritores seus contemporâneos. Seu objetivo era ser entendido por todos, por aquele "vulgo" que não sabia latim ou pelos que "nestes reinos vivem em pobreza", como declara no prólogo da *História da província*. Era um humanista na ampla acepção do termo, alguém vinculado à divulgação dos novos saberes para esse novo público-leitor que se ampliava juntamente com o desenvolvimento da imprensa; um espírito da Renascença, atuante na defesa da língua portuguesa — então ameaçada ou diminuída pela hegemonia do castelhano — e adepto da história pautada na observação, na experiência, no vivido.

Numa época que ainda tinha como paradigma a *História natural* de Plínio, e em que começavam a surgir as obras dando conta das espécies botânicas e zoológicas observadas nas novas terras — as Índias e as Américas —, Gândavo, ao contrário do romanesco Jean de Léry, que descreve seres legendários em seu livro sobre o Brasil, atém-se ao que observou pessoalmente ou a relatos de fontes por ele consideradas fidedignas. Uma das características do espírito da

Renascença é privilegiar a experiência humana, o observado e visto, em detrimento dos saberes antigos registrados nos clássicos gregos e romanos. O grande "físico" português Garcia de Orta foi o primeiro, em 1563, a questionar e refutar a literatura "científica" de Plínio, Dioscórides, Avicena, e a iniciar o conhecimento da natureza pautado na observação. Seu extraordinário livro, *Colóquios dos simples e drogas da Índia* — como a *História da província*, introduzido por poemas de Luís de Camões —, imediatamente traduzido para o latim, francês e italiano, mas proibido em Portugal, é uma espécie de primo-irmão da *História* de Gândavo. Orta — que teve seus ossos desenterrados e queimados num auto-de-fé pela Inquisição portuguesa pelo crime de "judaizar" — foi o primeiro a descrever as propriedades de uma série de plantas, minerais e animais encontrados no Oriente, e Gândavo foi o primeiro a descrever plantas e animais, nunca antes divulgados, do território brasileiro, com o mesmo olhar "científico" que, diante do novo, não se volta às referências clássicas mas se abre para o "saber só de experiências feito", como sintetizou Camões.

Outro dado peculiar da biografia de Gândavo é o processo de escrita da *História da província Santa Cruz*, resultado de mais de dez anos de trabalho, em que foram redigidas quatro versões da obra. A primeira redação — talvez em parte composta em território brasileiro —, dedicada à rainha d. Catarina (avó de d. Sebastião), levava o título *Tratado da província do Brasil* e pretendia ser um sumário, uma informação sobre a nova terra, "coisa que até agora não empreendeu pessoa alguma". Essa "fruita da terra", como qualifica Gândavo, passa por algumas modificações, ganha um capítulo sobre a descoberta de indícios de ouro no sertão da Bahia e um novo título, *Tratado da terra do Brasil*, e é dedicada ao cardeal infante d. Henrique. Nesses dois *Tratados*, Gândavo demonstrava sua insatisfação: "Quisera tratar mais miudamente das particularidades desta província do Brasil, ... posto que os louvores da terra pedissem outro livro mais copioso e de maior volume onde se compreendessem por extenso as excelências e diversidades das coisas que há nela." É então que o trabalho passa por uma profunda reformulação, e daí surge uma obra de maior fôlego e mais bem acabada estilisticamente, apresentada por dois poemas de Luís de Camões — que pouco antes havia publicado *Os Lusíadas* — e dedicada a d. Leonis Pereira, filho natural do conde da Feira, principal herói da então recente defesa de Malaca contra o duro cerco imposto pelo sultão do Achém.

Conhecem-se duas redações diferentes da *História da província Santa Cruz*. A primeira está registrada num belo manuscrito da Biblioteca do Mosteiro do Escorial, e traz duas ilustrações em cores: o monstro marinho e um mapa do Brasil. O manuscrito chegou à Espanha junto com um lote de impressos e manuscritos trazidos de Portugal, em 1573, pelo florentino Giovanni Bautista Gesio, misto de emissário e espião de Felipe II em Lisboa, com a missão de adquirir, secretamente, as obras mais significativas para as negociações dos disputados limites entre as terras espanholas e portuguesas no Novo Mundo. A versão contida no manuscrito escorialense passou ainda por algumas modificações, ganhou um capítulo sobre o modo de vida dos colonos e finalmente foi levada à oficina de Antônio Gonçalves em 1576.

Gândavo, portanto, reescreveu três vezes a obra, o que nos faz pensar que o livro sobre o Brasil teria sido o mais importante projeto de sua vida. As quatro versões não se excluem, antes se complementam. Como sintetizou Emanuel Pereira Filho, são "quatro momentos preciosos do patrimônio cultural e afetivo de todos os brasileiros, quatro retratos vivos e de corpo inteiro das fases de elaboração de uma obra que havia de ser o marco inicial de nossa historiografia".

A História da província Santa Cruz

Costuma-se dizer que a primeira História do Brasil é a escrita em 1627 por frei Vicente do Salvador. Gândavo não teria feito exatamente uma História, por não descrever em detalhes os processos políticos ou as batalhas como as da expulsão dos franceses da capitania do Rio de Janeiro — matéria que rende muitas e saborosas páginas na *História* de frei Vicente. A obra de Gândavo, segundo esse ponto de vista, seria pouco historiográfica, ou como sintetiza Capistrano de Abreu, em 1924: "A sua história é antes natural que civil."

Qual seria o conceito de história para Gândavo? No momento em que publicou seu livro, as histórias "oficiais" que se imprimiam eram intituladas "crônicas" ou "décadas", como a *Crônica do príncipe d. João* de Damião de Góis ou as *Décadas da Ásia* de João de Barros e Diogo do Couto, obras feitas sob encomenda dos reis de Portugal. Havia também "tratados", "sumários", "roteiros" ou "descrições", geralmente dedicados a regiões ou países pouco conhecidos. Alguns livros publicados com o título de "história" se referiam a batalhas, a cercos famosos ou a vidas de santos. Havia também a clássica *História natural* de Plínio e uma moderna *Historia general y natural de las Índias*, de Gonzalo Fernandéz de Oviedo. Gândavo deu o título de "tratado" às duas primeiras versões de seu livro sobre o Brasil, e só após reformulá-lo inteiramente batizou-o de "História". Nessa grande reformulação, retira do texto tudo o que lhe parecia fantástico ou duvidoso, aperfeiçoa muitas passagens, acrescenta informações e insere o capítulo sobre o descobrimento do Brasil.

No prólogo da *História da província Santa Cruz*, Gândavo dá indícios de que se considerava um historiador por estar preservando a memória de algo que seria esquecido caso não fosse registrado. Setenta e seis anos depois da descoberta do Brasil, era a primeira vez que um português escrevia um livro dedicado ao país. A história é a "vida da memória", diz Gândavo, citando Cícero. E a *História da província Santa Cruz*, em 1576, era a "história" de uma região pouquíssimo conhecida, em que os bárbaros e espantosos costumes do "gentio" que a habitava e as exóticas espécies botânicas e zoológicas nunca antes descritas maravilhavam o olhar europeu e atuavam na construção de uma nova visão de mundo. A "história" do livro de Gândavo é múltipla, como eram múltiplos os interesses dos homens na Renascença. Se nela não encontramos o processo histórico em que o homem é o agente ou a descrição dos feitos de capitães, donatários, clérigos e colonos, como faziam naquela época as "crônicas", encontramos uma obra escrita por um autor que era ao mesmo tempo botânico, zoólogo, geólogo, etnólogo e cronista.

Além de vida da memória, a história — ainda seguindo a frase de Cícero — é "luz da verdade". Para alguns dos contemporâneos de Gândavo (como Garcia de Orta, Diogo do Couto, Gaspar Frutuoso, Damião de Góis e Pedro Nunes) essa verdade se pautava na experiência, no observado. Tanto nas duas primeiras versões de sua obra — o *Tratado da província do Brasil* e o *Tratado da terra do Brasil* —, redigidas entre o final da década de 1560 e o início da de 1570, como na versão final levada à tipografia em 1576, Gândavo declara estar escrevendo como "testemunha de vista": "Tudo o que escrevo aqui, vi e experimentei." Era o "saber de experiências feito", mas também movido pelo "honesto estudo", como postula Camões. Além do que viu em sua estada de "alguns anos" no Brasil, provavelmente na década de 1560, Gândavo, ao aperfeiçoar sua obra, usa fontes orais e escritas, como João de Barros, Damião de Góis e Pedro Apiano (este último, descartado na última versão).

Ao refazer o texto dos dois *Tratados* e escrever a *História da província*, Gândavo suprime alguns dados que certamente julgava não ser de interesse português ver divulgados, tais como algumas coordenadas na descrição geográfica da costa brasileira, o número de engenhos em cada capitania, e a quantidade de cana-de-açúcar e algodão produzida anualmente. Também retira informações que lhe pareciam incertas, como as descrições de algumas espécies de cobras (que de fato existem); aperfeiçoa algumas passagens — os "ratos" passam a ser designados corretamente como "sarigüês" e a quase fantástica "árvore-de-bálsamo" ganha contornos reais com a descrição da copaíba e da cabreúva —; e inclui outras descrições e alguns novos episódios. Para Gândavo, é preferível suprimir o duvidoso: "Me parece temeridade e falta de consideração escrever em história tão verdadeira coisas em que por ventura podia haver falsas informações, pela pouca notícia que ainda temos."

Mesmo ao narrar a "verdadeira" história do monstro marinho morto na capitania de São Vicente em 1564, nosso autor se mostra mais próximo de um olhar "científico" do que do bestiário medieval.

O monstro de Gândavo não é um ser fantástico, como os descritos por Gabriel Soares de Sousa, Fernão Cardim e pelo pe. Francisco Soares, mas surge como uma espécie tão monstruosa como o eram, ao olhar europeu, animais como a preguiça e o tatu. O capítulo dedicado ao monstro termina com uma autêntica profissão de fé renascentista: "E tudo se pode crer, por difícil que pareça, porque os segredos da natureza não foram revelados todos ao homem, para que com razão possa negar e ter por impossíveis as coisas que não viu, nem de que nunca teve notícia."

Hans Staden, André Thevet e Jean de Léry escreveram relatos autobiográficos, narrativas de aventuras numa terra vista do ponto de vista do exotismo, do extraordinário. Gândavo produz não um relato de viagem, mas um "tratado" ou uma "história", que, a cada versão, mostra a preocupação do autor de fugir do fantástico e se aproximar de uma "verdade". Tratando desta terra exótica, ele é o primeiro a apresentá-la como "casa", como moradia, como terra a ser vivida. Sua intenção, como declara no prólogo e nas dedicatórias, é atrair colonos e demonstrar que ali é possível levar uma vida próspera e confortável.

Nesse esforço, vai suprimindo, nas novas versões, observações negativas que inicialmente havia feito sobre o clima ou sobre as adversidades da terra. É assim que elimina as referências às formigas que destroem as plantações, aos mosquitos "que perseguem as gentes" e aos malignos ventos capazes de matar. Mas a sua "propaganda" do Brasil não é inteiramente otimista como a carta de Caminha, em que belos e puros homens nus vivem em meio a um paraíso terrestre. O texto de Gândavo oscila entre o eufórico e o disfórico. A natureza brasileira — no que tem de exótico, maravilhoso, e no que promete de riquezas, com suas imensas plantações de cana-de-açúcar e algodão, no seu pau-brasil, e na abundância de "mantimentos" e caça — ainda reflete o tradicional tema do horto das delícias. Mas um horto apresentado, quase sempre, sob o ponto de vista da produção: Gândavo descreve plantas e animais com a preocupação de indicar seu uso e seu proveito.

Apesar de se esforçar por apresentar uma terra já pacificada, em que os colonos podem viver com segurança, sem temor dos ataques indígenas e de naus estrangeiras, seu texto expõe a precariedade dessa afirmação. É especialmente notável a polaridade de seus contraditórios pontos de vista sobre os índios. Se em um momento são apresentados como pacíficos e prestimosos coabitantes da terra, dotados de um louvável senso de comunidade, em outros surgem como "animais sem uso de razão", "sem fé, nem lei, nem rei", canibais agressivos e vingativos, "sem terem outros pensamentos senão comer, beber e matar gente". Em algumas páginas o índio é escravo dócil que caça e pesca para seu senhor, "livre de toda cobiça e desejo desordenado de riquezas"; em outras é escravo imprestável, responsável pelo pouco desenvolvimento da terra; noutras ainda lê-se, como um dado positivo, que "governadores e capitães da terra destruíram-nos pouco a pouco e mataram muitos deles ... e assim ficou a terra desocupada do gentio ao longo das povoações". Gândavo por vezes mostra-se favorável à escravização e ao extermínio desses "brutos animais" e, em outras passagens, adere ao projeto jesuíta de humanização nas relações entre portugueses e índios. Para além dessas contradições, que nos apontam variadas formas de ver e entender os povos indígenas, é de se destacar a riqueza e a minúcia das descrições etnográficas de Gândavo, o primeiro a perceber que a melodiosa língua tupi não possuía as letras F, L e R.

A *História da província*, além de ser obra pioneira de nossa historiografia, é também um dos exemplares mais preciosos da bibliografia camoniana. Nela estão os últimos poemas que Luís de Camões publicou em vida, os tercetos e o soneto que dedicam o livro a d. Leonis Pereira. O autor do recém-publicado *Os Lusíadas* ainda não contava com a unanimidade de seus contemporâneos, e Gândavo, ao lado de Garcia de Orta, foi um dos únicos a incluir poemas de Camões nas páginas preliminares de um livro e, também, a reconhecer o seu valor ao incluí-lo na lista dos grandes autores de sua época, no *Diálogo em defesa da língua portuguesa*. Naquele momento, Gândavo fazia duas apostas em matérias então pouco valorizadas. Acreditava que Camões seria "o grande poeta de cuja fama o tempo nunca triunfará" e apostava numa terra "pouco sabida" em detrimento da então rendosa Índia. Como observou o historiador Jorge Couto, Gândavo "teve a lucidez de acentuar que o futuro de Portugal se situava no Atlântico, e não no Oriente".

Hoje, a leitura da *História da província*, talvez pela simplicidade de sua linguagem, pelo frescor de seu olhar sobre o novo território e pelas suas vívidas descrições etnológicas, ainda permanece como um texto saboroso, vivo e surpreendente. Ler a *História da província*, e saboreá-la como "fruita da terra", é redescobrir o encanto de uma terra e de uma aposta no futuro.

SHEILA MOURA HUE

Historia da prouincia sãcta Cruz
a qui vulgarmẽte chamamos Brasil: feita por Pero de
Magalhães de Gandauo, dirigida ao muito Illustre Sñor Dom Li
onis Pereira gouernador que foy de Malaca & das mais partes
do Sul na India.

Aprovação

Vi a presente obra de Pero de Magalhães, por mandado dos senhores do Conselho Geral da Inquisição, e não tem coisa que seja contra nossa Santa Fé católica, nem os bons costumes, antes muitas, muito para ler. Hoje dez de novembro de 1575.

Francisco de Gouveia

Vista a informação, pode-se imprimir, e torne o próprio com um dos impressos a esta mesa: e este despacho se imprimirá no princípio do livro com a dita informação. Em Évora, a dez de novembro.

Manuel Antunes secretário do Conselho Geral
do Santo Ofício da Inquisição o fez no ano 1575.
Leão Anriques
Manuel de Quadros

Ao muito ilustre senhor dom Leonis Pereira sobre o livro que lhe oferece Pero de Magalhães

Tercetos de Luís de Camões

Depois que Magalhães teve tecida
A breve história sua que ilustrasse
A terra Santa Cruz pouco sabida,
Imaginando a quem a dedicasse
Ou com cujo favor defenderia
Seu livro, de algum Zoilo[1] que ladrasse;
Tendo nisto ocupada a fantasia,
Lhe sobreveio um sono repousado,
Antes que o sol abrisse o claro dia,
Em sonhos lhe aparece todo armado
Marte, brandindo a lança furiosa,
Com que fez quem o viu todo enfiado,
Dizendo em voz pesada e temerosa,
Não é justo que a outrem se ofereça
Nenhuma obra que possa ser famosa,
Se não a quem por armas resplandeça,
No mundo todo, com tal nome e fama,
Que louvor imortal sempre mereça.
Isto assim dito, Apolo que da flama

1. Célebre crítico de Homero. Termo usado para designar invejosos.

Celeste guia os carros, da outra parte
Se lhe apresenta, e por seu nome o chama,
Dizendo, Magalhães, posto que Marte
Com seu terror te espante, todavia
Comigo deves só de aconselhar-te.
Um barão sapiente, em quem Talia[2]
Pôs seus tesouros, e eu minha ciência,
Defender tuas obras poderia.
É justo que a escritura na prudência
Ache sua defesa, porque a dureza
Das armas é contrária da eloqüência.
Assim disse, e tocando com destreza
A cítara dourada, começou
De mitigar de Marte a fortaleza.
Mas Mercúrio, que sempre costumou
A despartir porfias duvidosas,
Co'o caduceu na mão que sempre usou,
Determina compor as perigosas
Opiniões dos Deuses inimigos,
Com razões boas, justas e amorosas,
E disse, bem sabemos dos antigos
Heróis, e dos modernos, que provaram
De Belona os gravíssimos perigos,
Que também muitas vezes ajuntaram
Às armas eloqüência, porque as Musas
Mil capitães na guerra acompanharam;
Nunca Alexandre ou César nas confusas
Guerras deixaram o estudo um breve espaço,
Nem armas das ciências são escusas.

2. Uma das nove musas, preside à poesia lírica e à comédia.

Nu'a mão livros, noutra ferro e aço,
A uma rege e ensina, a outra fere,
Mais co'o saber se vence que co'o braço.
Pois logo barão grande se requere,
Que com teus dões Apolo ilustre seja,
E de ti Marte palma e glória espere.
Este vos darei eu, em que se veja
Saber e esforço no sereno peito,
Que é dom Leonis que faz ao mundo inveja.
Deste as Irmãs[3] em vendo o bom sujeito,
Todas nove nos braços o tomaram,
Criando-o com seu leite no seu leito.
As artes e ciência lhe ensinaram,
Inclinação divina lhe influíram,
As virtudes morais que o logo ornaram.
Daqui os exercícios o seguiram,
Das armas no Oriente, onde primeiro
Um soldado gentil instituíram.
Ali tais provas fez de cavalheiro,
Que de cristão magnânimo e seguro,
A si mesmo venceu por derradeiro.
Depois já capitão forte e maduro
Governando toda Áurea Quersoneso,[4]
Lhe defendeu co'o braço o débil muro.
Porque vindo a cercá-la todo o peso
Do poder dos Achéns, que se sustenta
Do sangue alheio, em fúria todo aceso.
Este só que a ti Marte representa

3. As nove musas. Muito citadas pelos poetas da época.
4. Designação da Península de Malaca.

O castigou de sorte que o vencido
De ter quem fique vivo se contenta.
Pois tanto que o grão Reino defendido
Deixou, segunda vez com maior glória,
Para o ir governar foi elegido.
E não perdendo ainda da memória
Os amigos o seu governo brando
Os inimigos o dano da vitória.
Uns com amor intrínseco esperando
Estão por ele, e os outros congelados
O vão com temor frio receando.
Pois vede se serão desbaratados
De todo, por seu braço se tornasse,
E dos mares da Índia degradados.
Porque é justo que nunca lhe negasse
O conselho do Olimpo alto e subido
Favor e ajuda com que pelejasse.
Pois aqui certo está bem dirigido,
De Magalhães o livro, este só deve
De ser de vós, ó Deuses, escolhido.
Isto Mercúrio disse; e logo em breve
Se conformaram nisto Apolo e Marte,
E voou juntamente o sono leve.
Acorda Magalhães, e já se parte
A vos oferecer Senhor famoso
Tudo o que nele pôs, ciência e arte.
Tem claro estilo, engenho curioso,
Para poder de vós ser recebido,
Com mão benigna de ânimo amoroso.
Porque só de não ser favorecido
Um claro espírito fica baixo e escuro,
E seja ele convosco defendido
Como o foi de Malaca o fraco muro.

Soneto do mesmo autor ao senhor dom Leonis, acerca da vitória que houve contra o rei do Achém em Malaca

Vós, ninfas da gangética espessura,
Cantai suavemente em voz sonora
Um grande capitão, que a roxa aurora
Dos filhos defendeu da noite escura.

Ajuntou-se a caterva negra e dura,
Que na Áurea Quersoneso afoita mora,
Para lançar do caro ninho fora
Aqueles que mais podem que a ventura.

Mas um forte leão com pouca gente,
A multidão tão fera como néscia,
Destruindo castiga, e torna fraca.

Pois ó ninfas cantai que claramente
Mais do que fez Leônidas em Grécia
O nobre Leonis fez em Malaca.

Ao muito ilustre senhor dom Leonis Pereira Epístola de Pero de Magalhães

Neste pequeno serviço, muito ilustre senhor, que ofereço a Vossa Mercê das primícias de meu fraco entendimento, poderá de alguma maneira conhecer os desejos que tenho de pagar, dentro de minha possibilidade, alguma parte do muito que se deve à ínclita fama de vosso heróico nome. E isto tanto pelo merecimento do nobilíssimo sangue e clara progênie donde traz sua origem, como pelos troféus das grandes vitórias e casos bem afortunados que lhe sucederam nessas partes do Oriente, em que Deus o quis favorecer com tão larga mão, que não cuido ser toda minha vida bastante para satisfazer a menor parte de seus louvores. E como todas essas razões me ponham em tanta obrigação, e eu entenda que nenhuma outra conta deve ser mais aceita a pessoas de altos ânimos que a lição das escrituras,[1] por cujos meios se alcançam os segredos de todas as ciências e os homens vêm a ilustrar seus nomes e perpetuá-los na terra com fama imortal, determinei escolher a Vossa Mercê entre os mais senhores da terra e dedicar-lhe esta breve história. A qual espero que folgue de ver com atenção e de receber-ma benignamente sob seu amparo; assim por ser coisa nova e eu a escrever como testemunha de vista, como por saber quão particular afeição Vossa Mercê tem às coisas do engenho, e que por isso não lhe será menos aceito o exercício das escrituras que o das armas.[2] Por onde com muita razão, favorecido por essa confiança, possa eu seguramente sair à luz com esta pequena empresa e divulgá-la pela terra sem nenhum receio, tendo por defensor dela a Vossa Mercê, cuja muito ilustre pessoa Nosso Senhor guarde e acrescente sua vida e estado por longos e felizes anos.

1. Gândavo não se refere às Sagradas Escrituras, à Bíblia, mas ao registro escrito de qualquer tipo de conhecimento.
2. O ideal do homem renascentista expressava-se na igual valorização da pena e da espada, no escrever e no guerrear. Como sintetiza Camões, poeta e soldado: "Numa mão a pena, noutra a espada." Ou como diz o cronista contemporâneo Diogo do Couto: "Nunca a pena embotou a espada."

Prólogo ao Leitor

A causa principal que me obrigou a lançar mão da presente história e sair com ela à luz foi por não haver até agora pessoa que a empreendesse, havendo já setenta e tantos anos que esta província foi descoberta. A qual história creio que esteve sepultada em tanto silêncio[1] mais pelo pouco caso que os portugueses sempre fizeram da mesma província, que por faltarem em Portugal pessoas de engenho e curiosas[2] que com melhor estilo e mais copiosamente que eu a escrevessem. Porém, já que os estrangeiros (aos quais os portugueses lançaram

1. O silêncio dos portugueses sobre o Brasil fincava suas raízes na política de segredo iniciada por d. Manuel I. A descoberta da nova terra não foi divulgada durante mais de um ano. O rei português teve notícias da expedição de Cabral em junho de 1500, com a chegada da nau de Gaspar de Lemos que trazia, além de papagaios e objetos indígenas, as cartas de Pero Vaz Caminha, do feitor e do cosmógrafo João Faras. Antes

muitas vezes fora dela por força d'armas) a têm noutra estima, e sabem suas particularidades melhor e mais de raiz que nós,[3] parece coisa decente e necessária terem também os nossos naturais a mesma notícia, especialmente para que todos aqueles que nestes reinos vivem em pobreza não duvidem escolhê-la para seu amparo; porque a terra é tal e tão favorável aos que a vão buscar, que a todos agasalha e convida com remédio, por mais pobres e desamparados que sejam. E também há nela coisas dignas de grande admiração, e tão notáveis, que pareceria descuido e pouca curiosidade nossa não fazer menção delas em algum discurso, e dá-las à perpétua

de escrever aos reis da Espanha, noticiando a descoberta da nova terra, e antes mesmo da chegada da *Anunciada*, primeira nau da esquadra cabralina a voltar da Índia, d. Manuel manda duas expedições de reconhecimento ao Brasil. Três anos mais tarde, em 1504, proíbe os cartógrafos do reino de representarem o novo território da Coroa portuguesa. As poucas publicações portuguesas referentes ao Brasil, em contraste com as muitas dedicadas aos assuntos da Índia, refletem a política de segredo manuelina e as dificuldades encontradas pelos portugueses ao explorar e colonizar a nova terra.

2. Pessoas talentosas e cultas.

3. Gândavo provavelmente está se referindo a Hans Staden, autor do impressionante relato sobre o Brasil publicado na Alemanha, e ao frade capuchinho André Thevet, integrante da expedição de Villegagnon, que publica, também em 1557, as *Singularités de la France Anctartique* [Singularidades da França Antártica]; essas duas obras haviam revelado aos europeus abundantes informações sobre a nova terra da Coroa portuguesa. No início

memória, como costumavam os antigos, aos quais não escapava coisa alguma que por extenso não lhe dessem feição de história, fazendo menção em suas escrituras de coisas menores que essas, as quais hoje em dia vivem entre nós, como sabemos, e viverão eternamente. E se os antigos portugueses e ainda os modernos não fossem tão pouco afeiçoados à escritura como são, não se perderiam tantas antigüidades entre nós de que agora carecemos, nem haveria tão profundo esquecimento de muitas coisas, em cujo estudo muitos homens doutos se têm cansado e revolvido grande cópia[4] de livros sem as poderem descobrir, nem recuperar a maneira como se passaram.[5] Daí

do século XVI, as cartas de Américo Vespúcio, que relatam as expedições comandadas por Gonçalo Coelho ao Brasil, foram editadas em vários países europeus, e a *Relação do piloto anônimo* foi publicada em 1507, na Itália, na coleção de textos de viagens *Paesi novamente ritrovati*. Os historiadores portugueses contemporâneos de Gândavo (Castanheda, Barros, Galvão e Góis) haviam dado muito pouca atenção à terra de Santa Cruz, concentrando seus interesses (e os da Coroa portuguesa) na Índia. Em Portugal, um dos únicos livros a trazer notícias do Brasil, publicado em 1551 em espanhol, trazia seis cartas de jesuítas enviadas das capitanias brasileiras. Outros dois contemporâneos de Gândavo, Fernão Cardim e Gabriel Soares de Sousa, escreveram livros sobre o Brasil, na década de 1580, mas essas obras só vieram a ser publicadas no século XIX.

4. Quantidade.

5. Gândavo provavelmente presenciou o trabalho de alguns desses "homens doutos", já que foi copista da Torre do Tombo, onde pode ter convivido com Damião de Góis, cronista e guarda-mor deste arquivo real.

os gregos e os romanos tomarem todas as outras nações por bárbaras e, na verdade, com razão lhes podiam dar esse nome, pois eram tão pouco solícitos e cobiçosos de honra que por sua mesma culpa deixavam morrer aquelas coisas que lhes podiam dar nome e fazê-los imortais. Como pois a escritura seja vida da memória,[6] e a memória uma semelhança da imortalidade a que todos devemos aspirar, pela parte que dela nos cabe, quis, movido por essas razões, fazer esta breve história, para cujo ornamento não busquei epítetos preciosos, nem outra formosura de vocábulos de que os eloqüentes oradores costumam usar para com artifício de palavras engrandecer suas obras. Somente procurei escrever a verdade, num estilo fácil e chão, como meu fraco engenho me ajudou, desejoso de agradar a todos os que dela quiserem ter notícia. Pelo que devo ser desculpado das faltas que aqui me podem notar, digo pelos discretos, que com são zelo o costumam fazer, que dos idiotas e maldizentes bem sei que não hei de escapar, pois está certo não perdoarem ninguém.

6. Frase tirada do *De Oratore*, de Cícero, em que se diz que os livros históricos são luz da verdade, vida da memória e mestres da vida.

Capítulo primeiro

De como se descobriu esta província e a razão por que se deve chamar Santa Cruz e não Brasil

Reinando aquele mui católico e sereníssimo príncipe el-rei dom Manuel, fez-se uma frota para a Índia na qual ia como capitão-mor Pedro Álvares Cabral; foi essa a segunda navegação que fizeram os portugueses para aquelas partes do Oriente. Partiram da cidade de Lisboa a nove de março no ano de 1500. E estando já entre as ilhas do Cabo Verde, nas quais iam fazer aguada, deu-lhes um temporal, que foi a causa de não as poderem alcançar e de se apartarem alguns navios da companhia. E depois de haver bonança, reunida outra vez a frota, empegaram-se[1] ao mar, assim para fugirem das calmarias da Guiné, que lhes podiam

1. Entraram mar adentro, meteram no pego, engolfaram-se.

estorvar a viagem, como por lhes ficar largo poderem dobrar o cabo da Boa Esperança. E havendo já um mês que iam naquela volta[2] navegando com vento próspero, foram dar na costa desta província, ao longo da qual cortaram todo aquele dia, parecendo a todos que era alguma grande ilha que ali estava, sem haver piloto nem outra pessoa alguma que tivesse notícia dela, nem que presumisse que podia haver terra firme naquela parte ocidental.[3] E no lugar dela que lhes pareceu mais acomodado, surgiram[4] naquela tarde, onde logo viram a gente da terra, de cuja semelhança[5] não ficaram

2. A curva realizada pelos navegantes para fugir das correntes contrárias do golfo da Guiné e das calmarias equatoriais era chamada "volta do mar".
3. Essa descrição do descobrimento do Brasil foi inspirada no relato da *Década I* de João de Barros, versão semelhante à de Caminha e à do cronista Fernão Lopes Castanheda. Até o século XIX, vigorou a versão registrada por esses cronistas, sustentando a casualidade da descoberta do Brasil. A esquadra de Pedro Álvares Cabral teria atingido a nova terra ao ter se afastado para oeste na intenção de contornar as calmarias equatoriais, ou um temporal a teria deslocado de sua rota original. Essa tese foi contestada, em 1850, por Joaquim Norberto de Sousa e Silva, que apresentou no Instituto Histórico e Geográfico Brasileiro uma memória defendendo a intencionalidade da descoberta efetuada por Cabral. A polêmica entre causalidade e intencionalidade continua dividindo os especialistas. Em 1979, o comandante Max Justo Guedes observou que a descrição que Caminha faz do monte Pascoal só seria possível a partir de uma aproximação feita pelo quadrante sudeste, contrariando as teorias que defendem que a esquadra de Cabral afastou-se da rota devido à corrente

pouco admirados, porque era diferente da de Guiné e não se parecia com nenhuma das outras que tinham visto. Estando assim surtos[6] neste lugar em que digo, assaltou-lhes naquela noite tão mau tempo que lhes foi forçado levantarem as âncoras, e com aquele vento que lhes era largo, por aquele rumo foram correndo a costa até chegarem a um porto limpo e de bom surgidouro,[7] onde entraram e ao qual então puseram esse nome, que hoje em dia tem, de Porto Seguro, por lhes dar acolhida e os assegurar do perigo da tempestade que enfrentavam. No dia seguinte, saiu Pedro Álvares com a maior parte da gente em terra, onde se disse logo missa cantada e houve pregação; e os índios que ali se ajuntaram ouviam tudo com muita quietação, usando de todos os atos e cerimônias que viam fazer

equatorial, pois isso teria levado as naus para bem mais ao norte, e não à região de Porto Seguro. É opinião de muitos autores que d. Manuel sabia da existência de terras no hemisfério sul e que teria dado instruções secretas a Pedro Álvares Cabral para averiguar a nova terra.

4. Ancorar, fundear.
5. Aparência, aspecto.
6. Ancorados.
7. Bom porto.

os nossos. E assim, se punham de joelhos e batiam nos peitos como se tivessem lume de fé, ou como se, por alguma via, lhes tivesse sido revelado aquele grande e inefável mistério do Santíssimo Sacramento. No que mostravam claramente estarem dispostos a receber a doutrina cristã a qualquer momento que lhes fosse ensinada, como gente que não tem impedimento de ídolos, nem professa outra lei alguma que possa contradizer a nossa, como adiante se verá no capítulo que trata de seus costumes. Então, logo expediu Pedro Álvares um navio com a nova a el-rei dom Manuel, que a recebeu com muito prazer e contentamento; e daí por diante começou logo a mandar alguns navios a estas partes, e assim se foi a terra descobrindo pouco a pouco e conhecendo cada vez mais, até que depois se veio a repartir toda em capitanias e a povoar da maneira que agora está.

E tornando a Pedro Álvares, seu descobridor, passados alguns dias que ali esteve fazendo sua aguada e esperando por tempo que lhe servisse, antes de partir, e para deixar um nome àquela província por ele descoberta, mandou alçar uma cruz no mais alto lugar de uma árvore, onde foi arvorada com grande solenidade e bênçãos dos sacerdotes que o acompanhavam, dando à terra esse nome de Santa Cruz;[8] cuja festa a Santa Madre Igreja celebrava naquele mesmo dia (três de maio). O que não parece carecer de mistério, porque assim como nestes reinos de Portugal trazem a cruz no peito por insígnia da Ordem e Cavalaria de Cristo, assim prouve a Ele que esta terra se descobrisse a tempo para que o tal nome lhe pudesse ser dado nesse santo dia, pois havia de ser posse dos portugueses e ficar por herança de patrimônio ao mestrado da mesma Ordem de Cristo. Por onde não parece razoável que lhe neguemos esse nome, nem que nos esqueçamos dele tão indevidamente por outro que lhe deu o vulgo depois que o pau da tinta começou a vir para estes reinos. Ao

8. Gândavo é o único cronista do século XV a seguir o historiador João de Barros e empreender uma cruzada contra o nome Brasil – que, aliás, ele adota nas versões anteriores de seu livro (*Tratado da província do Brasil* e *Tratado da terra do Brasil*). Pedro Álvares Cabral é o primeiro a nomear o território descoberto: Ilha de Vera Cruz. D. Manuel, posteriormente, dá o nome oficial de Terra de Santa Cruz, fazendo referência à grande cruz de madeira colocada no recife da Coroa Vermelha, que se destinava, como sustenta Jaime Cortesão, a orientar os próximos navegantes sobre o lugar em que as frotas deveriam aportar.

qual chamaram brasil por ser vermelho e ter semelhança de brasa, e por isso ficou a terra com esse nome de Brasil.[9] Mas para que nisto magoemos ao demônio, que tanto trabalhou e trabalha para extinguir a memória da santa cruz (mediante a qual fomos redimidos e livrados do poder de sua tirania) e desterrá-la dos corações dos homens, restituamos-lhe seu nome e chamemos-lhe, como em princípio, província de Santa Cruz (que assim o aconselha também aquele ilustre e famoso escritor João de Barros na sua primeira *Década*, tratando desse

9. Mapas da Idade Média representavam uma mítica ilha Brasil em vários diferentes pontos do Atlântico. O nome "brasil" era também empregado para nomear as árvores asiáticas usadas na tinturaria e conhecidas no comércio europeu desde antes do descobrimento da América. O pau-brasil indiano, a *Caesalpinia sappan*, era designado por *brazil* ou *brésil*, talvez pela similaridade entre a cor vermelha da madeira e a brasa. Diversas madeiras semelhantes a esta se encontram na América tropical; no Brasil é a *Caesalpinia echinata*. O país foi pela primeira vez designado como Brasil em 1512, numa carta de Afonso Alburquerque a d. Manuel, e é com esse nome indicado no globo de Marini (mapa-múndi no mesmo ano pelo cartógrafo italiano Jerônimo Marini). Quando a maior quantidade de pau-brasil consumida na Europa começou a vir do Brasil, o nome da árvore indiana passou a servir de designação à nova terra e à madeira que de lá se extraía, e a árvore de tinta indiana voltou a ser chamada pelo nome *sappan*. Quase todos os escritores da época de Gândavo usam o termo Brasil ao se referirem ao país; uma das poucas exceções é Luís de Camões, de quem Gândavo teria sido amigo, e que em *Os Lusíadas* – e nos versos que apresentam esta *História da província* – adota o nome Santa Cruz.

mesmo descobrimento).[10] Porque na verdade mais é de estimar e melhor soa aos ouvidos da gente cristã o nome de um pau em que se obrou o mistério de nossa redenção que o de outro que não serve mais que para tingir panos ou coisas semelhantes.

10. Da *Década I* (Livro V, capítulo II), de João de Barros: "Como que importava mais o nome de um pau que tinge panos, que daquele pau que deu tintura a todos os sacramentos por que somos salvos, por o sangue de Jesus Cristo, que nele foi derramado. E pois em outra coisa, nesta parte, me não posso vingar do demônio, admoesto da parte da cruz de Cristo Jesus a todos os que este lugar lerem, que dêem a esta terra o nome, que com tanta solenidade lhe foi posto, sob pena de a mesma cruz, que nos há-de ser mostrada no dia final, os acusar de mais devotos do pau-brasil que dela." De João de Barros, Gândavo tirou não só a defesa do nome Santa Cruz, como todo o encadeamento narrativo do capítulo e mesmo frases inteiras – o que não era incomum, nem condenável, numa época pautada na *mimesis* literária.

Capítulo 2

Em que se descreve o sítio e as qualidades desta província

Esta província de Santa Cruz está situada naquela grande América, uma das quatro partes do mundo. Dista o seu princípio dois graus da equinocial[1] para a banda do sul e daí se vai estendendo para o mesmo sul até quarenta e cinco graus, de maneira que parte dela fica situada abaixo da zona tórrida, e parte abaixo da temperada. Está formada esta província à maneira de uma harpa. A costa pela banda do norte corre do Oriente ao Ocidente e está olhando diretamente a equinocial. Pela banda do sul confina com outras províncias da mesma América, povoadas e possuídas por povo gentílico,[2] com que ainda

1. A linha do equador.

2. "Gentios" designam genericamente os pagãos; neste caso são os povos autóctones, os índios.

não temos comunicação. Pela do oriente confina com o mar oceano Áfrico e olha diretamente os reinos de Congo e Angola até o cabo da Boa Esperança, que é o seu oposito. E pela do ocidente confina com as altíssimas serras dos Andes e faldas do Peru, as quais são tão soberbas sobre a terra que se diz terem as aves trabalho em as passar. E até hoje um só caminho foi achado pelos que vêm do Peru a esta província, e este é tão agreste, que ao passá-lo perecem algumas pessoas, caindo do estreito caminho, e vão parar os corpos mortos tão longe dos vivos, que nunca mais os vêem, e nem podem, ainda que queiram, dar-lhes sepultura. Destes e doutros extremos semelhantes carece esta província de Santa Cruz, porque embora sendo tão grande, não tem serras (ainda que muitas), nem desertos, nem alagadiços, que com facilidade não se possam atravessar. Além disto, é esta província, sem contradição, a melhor para a vida do homem que cada uma das outras da América, por ser comumente de bons ares e fertilíssima, e em grã maneira deleitosa e aprazível à vista humana.

O ser ela tão salutífera e livre de enfermidades procede dos ventos que geralmente cursam nela, os quais vêm do nordeste e do sul e, algumas vezes, do leste e do lés-sueste. E como todos estes procedam da parte do mar, vêm tão puros e coados que não somente não danam, mas recreiam e acrescentam a vida do homem. A viração desses ventos entra mais ou menos ao meio-dia, dura até de madrugada, e então cessa por causa dos vapores da terra que o apagam. E quando amanhece, as mais das vezes está o céu todo coberto de nuvens, e assim, na maioria das manhãs, chove nessas partes e fica a terra toda coberta de névoa por causa dos muitos arvoredos que chamam a si todos esses humores. E nesse intervalo sopra um vento brando que se gera na terra, até que o sol com seus raios o acalma e, então, entra o costumeiro vento do mar, que torna o dia claro e sereno e faz ficar a terra limpa e desimpedida de todas essas exalações.[3]

3. A respeito dos ventos e do clima, Gândavo suprime informações negativas que havia registrado na primeira versão de seu livro sobre o país, o *Tratado da província do Brasil*: "Este vento da terra é mui perigoso e doentio e se acerta de permanecer alguns dias morre muita gente, assim portugueses como índios da terra. ... A terra em si é lassa e desleixada, acham-se nela homens pela primeira algum tanto fracos e minguados das forças que possuem cá neste Reino por respeito da quentura e dos mantimentos que nela usam. Isto enquanto as pessoas são novas na terra, mas depois que por tempo se acostumam ficam tão rijas e bem dispostas como se aquela fora sua mesma pátria." Também retira, nesta versão final, dois parágrafos que estão no manuscrito do Escorial da *História da província*: "Os ares pela manhã são mui frescos e sadios;

Esta província é à vista mui deliciosa e fresca em grã maneira; toda ela está vestida de mui alto e espesso arvoredo, regada com as águas de muitas e mui preciosas ribeiras de que abundantemente participa toda terra, onde permanece sempre a verdura com aquela temperança da primavera que cá nos oferecem os meses de abril e maio. E isto faz não haver lá frios, nem ruínas de inverno que ofendam suas plantas, como cá ofendem as nossas. Enfim, que assim se houve a natureza com todas as coisas desta província e de tal maneira se comediu na temperança dos ares, que nunca nela se sente frio nem quentura excessiva.[4]

muitas pessoas se costumam a levantar cedo por se aproveitarem deles enquanto têm esta virtude. ... As águas que na terra se bebem são mui sadias e saborosas; por muita que se beba, não prejudica a saúde da pessoa, porque a mais dela facilmente se torna logo a digerir, e desta maneira fica o corpo desalivado e são."

4. No *Tratado da província do Brasil*, Gândavo pinta um cenário menos paradisíaco: "Há nestas partes do Brasil seis meses de verão e seis de inverno ... . Cursam sempre ventos gerais no inverno seis meses sul e sueste, no verão norte e lés-nordeste. Sempre correm as águas com o vento pela costa, e por isso não se pode navegar de umas capitanias para outras se não esperarem por monções para irem com as águas e com o vento, porque cursam, como digo, seis meses de uma parte e seis de outra, e por tanto, são muitas vezes as viagens vagarosas e, quando vão contra o tempo, as embarcações correm muito risco e arribam as mais das vezes ao porto donde saíram. Esta terra sempre é quente quase tanto no inverno como no verão."

As fontes que há na terra são infinitas, cujas águas fazem crescer a muitos e mui grandes rios que por esta costa, tanto da banda do norte como do oriente, entram no mar oceano. Alguns deles nascem no interior do sertão e vêm buscar, por longas e tortuosas vias, o oceano, onde a força de suas correntezas afasta as águas marinhas, e entram nele com tanto ímpeto, que com muita dificuldade e perigo se pode por eles navegar. Um dos mais famosos e principais que há nestas partes é o das Amazonas, o qual sai ao norte, meio grau da equinocial para o sul, e tem mais ou menos trinta léguas de boca. Este rio tem na entrada muitas ilhas que o dividem em diversas partes, e nasce de uma lagoa que está a cem léguas do mar do sul, ao pé de umas serras do Quito, província do Peru, donde já partiram algumas embarcações de castelhanos,[5] e navegando por ele abaixo vieram a sair no mar oceano a meio grau da equinocial, que será uma distância de 600 léguas por linha direta, não contando as mais que se acrescentam com as voltas que faz o mesmo rio.

5. A primeira expedição a percorrer o Amazonas foi a de Francisco de Orellana, em 1540, e a segunda foi a de Pedro de Ursua, em 1560.

Outro mui grande, cinqüenta léguas deste para o oriente, sai também ao norte, a que chamam rio do Maranhão. Tem dentro dele muitas ilhas e uma no meio da barra, que está povoada de gentio, ao longo da qual podem surgir quaisquer embarcações. Terá esse rio sete léguas de boca, pela qual entra tanta abundância de água salgada que daí a cinqüenta léguas pelo sertão adentro é, nem mais nem menos, como um braço de mar, até onde se pode navegar entre as ilhas sem nenhum impedimento. Nessa altura, se metem nele dois rios que vêm do sertão, por um dos quais entraram alguns portugueses quando foi do descobrimento que foram fazer no ano de 1535,[6] e navegaram por ele acima duzentas e cinqüenta

6. Em 1534 foram criadas as capitanias do Maranhão e do Rio Grande do Norte, e a expedição colonizadora organizada pelos donatários João de Barros, Aires da Cunha e Fernão Álvares da Cunha – com 900 homens armados e 113 cavalos – termina desbaratada por naufrágios e ataques indígenas. Alguns homens de Aires da Cunha, na intenção de chegar ao ouro do Peru, empreenderam uma também fracassada incursão pelo que era então chamado "rio do Maranhão" – ou um possível afluente deste, como descreve Gândavo. O "rio do Maranhão", representado no mapa do manuscrito escorialense da *História da província* e em outros mapas da época, tem sua desembocadura na baía de São Marcos, na verdade formada pela confluência de vários rios, entres eles o Mearim, o Pindaré e o Itapicuru. Tem-se identificado o rio citado nesse episódio relatado por Gândavo com o Amazonas, que até 1540 era conhecido como rio Marañon.

léguas, até que não puderam mais ir adiante por causa da água ser pouca e o rio se ir estreitando de maneira que não podiam já caber nele as embarcações. Do outro rio não descobriram coisa alguma, e assim não se sabe até agora donde procedem ambos.

Outro mui notável sai da banda do oriente para o mesmo oceano, a que chamam de São Francisco, cuja boca está a dez graus e um terço, e terá meia légua de largo. Esse rio entra tão soberbo no mar e com tanta fúria, que a maré não chega à boca, somente represa algum tanto suas águas, e daí a três léguas pelo mar adentro ainda se acha água doce. A partir da boca, o rio corre do sul para o norte; dentro é muito fundo e limpo, e pode-se navegar por ele até sessenta léguas, como já se navegou.[7] E daí por diante não se pode passar por causa de uma cachoeira mui grande[8] que há nesse passo, onde cai o peso da água de mui alto. E

7. Em 1550, poucos anos após a descoberta das minas de Potosi, no Alto Peru (atual Bolívia), pelos espanhóis, Tomé de Sousa mandou construir uma galé cuja missão era subir o rio São Francisco até onde fosse possível, de modo a explorar o sertão e investigar a existência de minas de ouro e prata.

8. A cachoeira de Paulo Afonso.

acima dessa cachoeira se mete o rio debaixo da terra e vem a sair daí a uma légua, e quando há cheias arrebenta por cima e arrasa toda a terra. Esse rio procede de um lago mui grande[9] que fica no interior da província, onde afirmam que há muitas povoações, cujos moradores (segundo a fama) possuem grandes haveres de ouro e pedraria.

Outro rio mui grande e um dos mais espantosos do mundo sai pela mesma banda do oriente a trinta e cinco graus, a que chamam rio da Prata,[10] o qual entra no oceano com quarenta léguas de boca; e é tanto o ímpeto da água doce que traz de todas as vertentes do Peru, que os navegantes primeiro bebem suas águas no mar, sem que vejam a terra donde este bem lhes procede. Duzentas e setenta léguas por ele acima está edificada uma cidade

9. Na verdade, o São Francisco nasce na serra da Canastra, em Minas Gerais. Gabriel Soares de Sousa também afirma que o rio nasce de uma lagoa: "Ao longo desse rio vivem agora alguns caetês, de uma banda e de outra vivem tupinambás ... e além delas vive outro gentio, não tratando dos que comunicam com os portugueses, que se ataviam com jóias de ouro de que há certas informações. Esse gentio se afirma viver à vista da lagoa grande, afamada e desejada de se descobrir, da qual este rio nasce."

10. Houve um significativo esforço da Coroa portuguesa para incluir o rio da Prata em seus novos domínios, como se observa em vários relatos e mapas quinhentistas.

povoada de castelhanos que se chama Assunção.[11] Até aqui se navega por ele e daí por diante ainda por muitas léguas. Nesse rio, pela terra adentro, se vem meter outro a que chamam Paraguai, que também procede de um lago,[12] como o São Francisco.

Além desses rios, há outros muitos que pela costa ficam, tanto grandes como pequenos, e muitas enseadas, baías e braços de mar de que não quis fazer menção porque meu intento não foi senão escolher as coisas mais notáveis e principais da terra, e tratar somente delas em particular, para que assim não fosse notado de prolixo e satisfizesse a todos com brevidade.

11. "Ascençam" no texto original.

12. Não procede de um lago, mas nasce em Minas Gerais, na face oriental da serra do Mar. No entanto, era comum na época a idéia de os rios brasileiros se originarem em lagos. Em meados do século XVI, a coroa portuguesa chegou a sustentar a teoria de que o Brasil seria uma ilha rodeada pelo oceano e por dois grandes rios, o Amazonas e o Prata, que se uniriam por um lago.

Capítulo 3

Das capitanias e povoações de portugueses que há nesta província

Lançando-se da linha equinocial para o sul, tem esta província oito capitanias povoadas de portugueses, que contêm cada uma mais ou menos cinqüenta léguas de costa, e demarcam-se umas das outras por uma linha lançada de leste a oeste, e assim ficam limitadas por estes termos entre o mar oceano e a linha de repartição geral dos reis de Portugal e Castela.[1] As quais capitanias el-rei d. João, o terceiro, desejoso de plantar nestas partes a religião cristã, ordenou em seu tempo, escolhendo para o governo de cada uma delas vassalos seus de sangue e merecimento, em que cabia essa confiança. Os quais edificaram suas povoações ao

1. Essa linha foi fixada em 370 léguas a oeste das ilhas do Cabo Verde pelo Tratado de Tordesilhas, assinado pelos reis de Portugal e Castela em 1494.

longo da costa nos lugares que lhes pareceram mais convenientes e acomodados para a vivenda dos moradores. Todas estão já mui povoadas de gente e, nas partes mais importantes, guarnecidas de muita e mui grossa artilharia, que as defende e assegura dos inimigos, tanto da parte do mar como da terra. Junto delas havia muitos índios quando os portugueses começaram a povoá-las, mas, como os índios se levantavam contra eles e lhes faziam muitas traições, os governadores e capitães da terra destruíram-nos pouco a pouco e mataram muitos deles, tendo outros fugido para o sertão, e assim ficou a terra desocupada de gentio ao longo das povoações. Ficaram ao redor delas, todavia, algumas aldeias de índios que são de paz e amigos dos portugueses que habitam essas capitanias. E para que de todas[2] no presente capítulo faça menção, não farei por ora mais que referir de passagem os nomes dos primeiros capitães que as

2. Gândavo, como explica no início do parágrafo, trata apenas das oito então mais habitadas, e não de todas as capitanias existentes. Não menciona as capitanias situadas acima de Itamaracá, então abandonadas, e não faz menção à de São Tomé, também despovoada.

conquistaram, e tratar abreviadamente das povoações, sítios e portos onde residem os portugueses, nomeando cada uma delas em especial, do norte para o sul, na maneira seguinte.

A primeira e mais antiga se chama Itamaracá,[3] a qual tomou esse nome de uma ilha pequena, onde sua povoação está situada. Pero Lopes de Sousa[4] foi o primeiro que a conquistou e livrou dos franceses, em cujo poder estava quando a foi povoar. Essa ilha, em que os moradores habitam, se divide da terra firme por um braço de mar que a rodeia, onde também se juntam alguns rios que vêm do sertão. E assim fica a ilha no meio de duas barras, lançadas cada uma para um lado. Por uma delas entram navios pesados e de toda sorte, que vão ancorar

3. "Tamaracá" no texto original.

4. É interessante o que diz o senhor de engenho Gabriel Soares de Sousa sobre o primeiro donatário: "Pero Lopes de Sousa, o qual foi um fidalgo muito honrado, o qual sendo mancebo andou por esta costa com armada à sua custa e em pessoa foi povoar esta capitania com moradores que para isso levou do porto de Lisboa donde partiu, no que gastou alguns anos e muitos mil cruzados com muitos trabalhos e perigos em que se viu, assim no mar pelejando com algumas naus francesas que encontrava (do que os franceses nunca saíram bem) como em terra em brigas que com eles teve de mistura com os pitiguares de quem foi por vezes cercado e ofendido, até que os fez afastar desta ilha de Tamaracá e vizinhança dela."

junto da povoação que está mais ou menos a meia légua do mar. A da outra banda, ao norte, não comporta embarcações maiores, por ser baixa, e dela se servem apenas as pequenas. Dessa ilha para o norte tem essa capitania terras mui largas e viçosas, nas quais hoje em dia teriam sido feitas grandes fazendas, e os moradores crescido e ganhado tanto em prosperidade como em cada uma das outras, se o capitão Pero Lopes tivesse residido nela mais alguns anos e não a desamparasse no tempo em que começou a povoá-la.[5]

A segunda capitania se chama Pernambuco,[6] a qual conquistou Duarte Coelho[7] e edificou sua principal

5. No *Tratado da província do Brasil*, Gândavo dá mais detalhes geográficos sobre a capitania: informa que tem "três léguas de comprido e duas de largo, tem trinta e cinco léguas de terra pela costa para o norte", e que "há nela um engenho de açúcar e agora se fazem dois novamente, e muito pau-brasil e algodão. Pode ter até cem vizinhos".

6. "Paranambuco" no texto original.

7. Vejamos o que diz Gabriel Soares de Sousa sobre o donatário, personagem de renome por seu desempenho militar na Índia: "E como a esse valoroso capitão sobravam sempre espíritos para cometer grandes feitos, não lhe faltaram para vir em pessoa povoar e conquistar esta sua capitania, onde veio com uma frota de navios que armou à sua custa, em a qual trouxe sua mulher e filhos e muitos parentes de ambos e outros moradores, com a qual tomou este porto que se diz de Pernambuco por uma pedra que junto dele está furada no mar, que quer dizer pela língua do gentio mar furado ... onde muitos anos teve grandes trabalhos de guerra com o gentio e franceses que

povoação em um alto, à vista do mar, a cinco léguas da ilha de Itamaracá, na altura de oito graus. Chama-se Olinda, é uma das mais nobres e populosas vilas que há nestas partes. Cinco léguas pela terra adentro fica outra povoação chamada Igarassu,[8] também chamada Vila dos Cosmos. E além dos moradores que habitam essas vilas há muitos outros que pelos engenhos e fazendas estão espalhados, assim nesta como nas outras capitanias de que a terra comarcã está toda povoada. Esta é uma das melhores terras e que mais tem realçado os moradores, do que todas as outras capitanias desta província, sendo estes sempre mui favorecidos e ajudados pelos índios da terra, dos quais fizeram muitos infinitos escravos, com que granjeiam suas fazendas. E a causa principal de ela ir sempre tanto avante no crescimento da gente foi por residir continuamente nela o mesmo capitão que a conquistou, e ser mais freqüentada por navios do reino, por estar mais perto dele do que as outras que adiante se seguem. A uma

em sua companhia andavam, dos quais foi cercado muitas vezes, malferido e mui apertado, onde lhe mataram muita gente; mas ele, com a constância de seu esforço, não desistiu nunca da sua pretensão."

8. "Igaroçu" no texto original.

légua da povoação de Olinda para o sul está um arrecife ou baixio de pedras que é o porto por onde entram as embarcações. Este tem serventia[9] pela praia e também por um rio pequeno que passa junto da povoação.[10]

A terceira capitania que adiante se segue é a da Bahia de Todos os Santos, terra del-rei nosso senhor, na qual residem o governador, o bispo e o ouvidor-geral de toda costa. O primeiro capitão que a conquistou e que começou a povoá-la foi Francisco Pereira Coutinho,[11] que foi desbaratado pelos índios, com a força da muita guerra que lhe fizeram, a cujo ímpeto não pôde resistir, por causa da

9. Passagem, acesso.

10. Sobre essa capitania Gândavo fornece, no *Tratado da província do Brasil*, mais detalhes: "Haverá nessa capitania mil vizinhos, tem vinte e três engenhos de açúcar posto que três ou quatro deles não são ainda acabados, alguns moem com bois, a estes chamam trapiches, fazem menos açúcar que os outros, mas a maior parte dos engenhos do Brasil mói com água. Cada engenho deste um por outro faz três mil arrobas cada ano. Nessa capitania se fazem mais açúcares que nas outras porque houve ano que passaram de 50 mil arrobas ainda que o rendimento deles não é certo, são segundo as novidades e os tempos que se oferecem ... tem muitos escravos índios que é a principal fazenda ... há muito pau-brasil e algodão de que enriquecem os moradores ... há nela um mosteiro de padres da Companhia de Jesus."

11. É bastante acidentada a trajetória brasileira de Francisco Pereira Coutinho, que já havia se destacado por feitos notáveis na Índia, ao lado de Duarte Coelho, e terminou devorado pelos índios, após naufragar sobre os baixos da ilha de Itaparica. Vejamos o que conta Gabriel Soares de Sousa: "Como esse esforçado capitão tinha ânimo

multidão de inimigos que então se conjuraram por todas aquelas partes contra os portugueses. Depois disto, foi retomada e outra vez povoada por Tomé de Souza, o primeiro governador-geral que foi a estas partes. E daqui por diante foram sempre os moradores multiplicando-se com o muito acrescentamento de suas fazendas. E assim, uma das capitanias que agora está mais povoada de portugueses de quantas há nesta província é esta da Bahia de Todos os Santos. Tem três povoações mui nobres e de muitos vizinhos,[12] as quais estão cem léguas distantes das de Pernambuco, na altura de treze graus. A principal, onde residem os do governo da terra e a mais gente nobre, é a cidade do Salvador. Outra está junto da barra, a qual chamam Vila Velha, que foi a primeira povoação que houve nesta capitania. Depois, Tomé de Sousa, sendo

incansável, não receou de ir povoar esta sua em pessoa. ... Salvou-se a gente toda desse naufrágio mas não das mãos dos tupinambás que os viam nesta ilha, os quais se juntaram e à traição mataram Francisco Pereira e a gente de seu caravelão. ... Desta maneira acabou às mãos dos tupinambás o esforçado cavaleiro Francisco Pereira Coutinho, cujo esforço não puderam render os rumes e malabares da Índia e foi rendido destes bárbaros, o qual não somente gastou a vida nessa pretensão, mas quanto em muitos anos ganhou na Índia com tantas lançadas e espingardadas e o que tinha em Portugal, com o que deixou sua mulher e filhos postos no hospital."

12. Ou "vezinhos", como escreve Gândavo: habitantes, moradores.

governador, edificou a cidade do Salvador, meia légua mais adiante, por ser lugar mais decente e proveitoso para os moradores da terra. A quatro léguas pela terra adentro está outra que se chama Parípe,[13] que também tem jurisdição sobre si como cada uma das outras. Todas essas povoações estão situadas ao longo de uma baía mui grande e formosa, onde podem entrar seguramente quaisquer naus por grandes que sejam, pois tem três léguas de largura e navega-se quinze por ela adentro. Tem dentro muitas ilhas de terras mui singulares. Divide-se em muitas partes e tem muitos braços e enseadas por onde os moradores se servem em barcos para suas fazendas.[14]

A quarta capitania, que é a dos Ilhéus, se deu a Jorge de Figueiredo Correia, fidalgo da casa del-rei

13. Paripe é hoje bairro da grande Salvador.

14. No *Tratado da terra do Brasil*, Gândavo dá informações mais precisas quanto à produção agrícola: "Pode haver nesta capitania mil e cem vizinhos. Tem dezoito engenhos, alguns se fazem novamente, também se tira deles muito açúcar ainda que os moradores se lançam mais ao algodão que a canas-de-açúcar porque se dá melhor na terra. Dentro da cidade está um mosteiro de padres da Companhia de Jesus no qual têm um colégio onde ensinam latim e casos de consciência. Afora este há cinco igrejas pela terra adentro entre os índios forros, onde residem alguns padres para fazerem cristãos e casarem, para não estarem amancebados ... tem muitas ilhas de terras mui viçosas que dão infinito algodão." Gândavo se refere, ainda, ao rio Tinharé e ao engenho que deu origem à cidade de Valença: "Três léguas por ele dentro está um engenho do Bastião da Ponte, junto do qual estão muitas terras perdidas por falta de moradores. ... Mais

nosso senhor, e por seu mandado a foi povoar um João d'Almeida,[15] o qual edificou sua povoação a trinta léguas da Bahia de Todos os Santos, na altura de quatorze graus e dois terços. Essa povoação é uma vila mui formosa e de muitos vizinhos, a qual está em cima de uma ladeira à vista do mar, situada ao longo de um rio onde entram os navios. Este rio também se divide pela terra adentro em muitas partes, e junto dele os moradores da terra têm toda a granjearia[16] de suas fazendas, para as quais se servem por ele em barcos e almadias, como na Bahia de todos os Santos.[17]

avante seis léguas está um rio que se chama Camamu em treze graus e dois terços no qual podem entrar quaisquer naus seguramente quatro cinco léguas por ele adentro ... Há outro que se chama rio das Contas está em quatorze graus e meio."

15. O donatário, escrivão da Fazenda Real, enviou o espanhol Francisco Romeiro para explorar e colonizar a capitania. Este foi alvo de uma conspiração de colonos que o acusaram de heresia e o mandaram, preso, para Portugal; após livrar-se das acusações, voltou ao Brasil. No *Tratado da província do Brasil*, Gândavo registra que a capitania pertence a Francisco Giraldes, filho do mercador e banqueiro florentino radicado em Lisboa, Lucas Giraldes, que havia comprado a capitania do filho de Jorge de Figueiredo Correia, em 1560, e que deixou a possessão da terra ao filho em 1566.

16. Tiram todo o proveito, o lucro, da terra e das criações.

17. Gândavo acrescenta no *Tratado da província do Brasil*: "Pode haver nela duzentos vizinhos ... há nesta capitania oito engenhos de açúcar. ... Dentro da povoação está um mosteiro de padres da Companhia de Jesus ... . A sete léguas pela costa adentro está uma lagoa de água doce que tem três léguas de comprido e três de largo e tem dez, quinze braças de fundo, daí para cima. Sai dela um rio pequeno pelo qual vão

A quinta capitania, a que chamam Porto Seguro, conquistou Pero do Campo Tourinho.[18] Tem duas povoações, que estão distantes trinta léguas da dos Ilhéus, na altura de dezesseis graus e meio, entre as quais se mete um rio que faz um arrecife na boca, como uma enseada, por onde os navios entram. A principal povoação está situada em dois lugares, convém a saber, parte dela em um teso[19] soberbo que fica sobre o rolo[20] do mar, da banda do norte, e parte em uma várzea que fica junto ao rio. A outra povoação, a que chamam Santo Amaro, está a uma légua deste rio para o sul. A duas léguas desse mesmo

lá ter barcos, tem esta lagoa um bocal neste rio ... criam-se nela muitos peixes-boi ... também há muitos tubarões na mesma lagoa e lagartos e muitas cobras: e se acham nela outros monstros marinhos de diversas maneiras ... . Finalmente que esta é uma das abastadas terras de mantimentos que há no Brasil." Alguns anos mais tarde, em 1587, Gabriel Soares de Sousa pintaria um cenário desolador da capitania: "Mas deu tanta praga dos aimorés nesta terra, de feição que não há já mais que seis engenhos e estes não fazem açúcar nem há morador que ouse plantar canas, porque em indo os escravos ou homens ao campo não escapam a estes alarves."

18. Pero do Campo Tourinho trouxe ao Brasil sua família e 600 colonos arregimentados em sua cidade natal, Viana do Castelo. Em 1546, foi acusado pelos clérigos e moradores da cidade de herege, sacrílego e blasfemador, vindo a ser preso e julgado pelos tribunais da Santa Inquisição, em Lisboa. Sua filha vendeu a capitania, em 1559, ao primeiro duque de Aveiro, d. João de Lencastre.

19. Monte alcantilado ou íngreme, cimo de monte.

20. Grande onda.

arrecife, para o norte, está outra, que é o porto onde entrou aquela frota quando esta província foi descoberta. E porque, então, lhe foi posto este nome de Porto Seguro, como atrás deixo declarado, ficou daí a capitania com o mesmo nome, e por isso se diz Porto Seguro.[21]

A sexta capitania é a do Espírito Santo, a qual conquistou Vasco Fernandes Coutinho.[22] Sua povoação está situada em uma ilha pequena, que fica distante sessenta léguas da povoação de Porto Seguro, na altura de vinte graus. Essa ilha jaz dentro de um rio mui grande, de cuja barra dista uma légua pelo sertão adentro, no qual se mata

21. No *Tratado da província do Brasil*, Gândavo informa que a capitania é do duque de Aveiro. E registra outras informações: "Pode haver nesta capitania duzentos e vinte vizinhos. Tem cinco engenhos de açúcar. Tem nela um mosteiro de padres da Companhia de Jesus."

22. Vejamos o que diz Gabriel Soares de Sousa a respeito do donatário, que foi em pessoa povoar a capitania, e que teve seus engenhos, plantações e escravos destruídos pelos goitacases: "No povoar dessa capitania gastou Vasco Fernandes o que adquiriu na Índia e todo o patrimônio que tinha em Portugal, que todo para isso vendeu, o qual acabou nela tão pobremente que chegou a darem-lhe de comer pelo amor de deus e não sei se teve um lençol seu em que o amortalhassem. E seu filho do mesmo nome vive hoje na mesma capitania tão necessitado que não tem mais de seu que o título de capitão e governador dela." Vasco Fernandes Coutinho também teve problemas com a Igreja, e foi condenado pelo primeiro bispo do Brasil pelo hábito gentio de "beber fumo", ou seja, por fumar em companhia dos índios, ato que era considerado indigno e contra a religião católica.

infinito peixe e na terra infinita caça, de que os moradores continuamente são mui abastados. E assim é esta a mais fértil capitania e melhor provida de todos os mantimentos da terra que qualquer outra que haja na costa.[23]

A sétima capitania é a do Rio de Janeiro, a qual conquistou Mem de Sá, sendo governador-geral destas partes, à força d'armas, expondo-se a mui perigosos combates, livrou-a dos franceses que a ocupavam. Tem uma povoação a que chamam São Sebastião, cidade mui nobre e povoada de muitos vizinhos, a qual está distante setenta e cinco léguas da do Espírito Santo, na altura de vinte e três graus. Essa povoação está junto da barra, edificada ao longo de um braço de mar,[24] o qual entra sete léguas pela

23. Gândavo discorre mais largamente sobre a capitania no *Tratado da província do Brasil*: "Tem um engenho somente. Tira-se dele o melhor açúcar que há em todo o Brasil. Há nela muito algodão e pau-brasil, pode ter até duzentos vizinhos. Há dentro da povoação um mosteiro de padres da Companhia de Jesus. Tem um rio mui grande onde os navios entram no qual se acham mais peixes-boi que noutro nenhum rio desta costa. ... Nessa capitania há muitas terras e mui largas onde os moradores vivem mui abastados assim de mantimentos da terra como de fazendas; e quando se tomou a fortaleza do Rio de Janeiro, desta mesma capitania do Espírito Santo sustentaram toda a gente e proveram sempre de mantimentos necessários enquanto estiveram na terra os que a defendiam."

24. A baía de Guanabara. No *Tratado da província do Brasil*, Gândavo é menos exato a respeito da geografia do Rio de Janeiro: "Tem um rio mui largo e formoso, divide-se

terra adentro, e tem cinco de travessa na parte mais larga, e na boca onde é mais estreito terá um terço de légua. No meio dessa barra está uma laje que tem cinqüenta e seis braças de comprido e vinte e seis de largura, na qual se pode fazer uma fortaleza para a defensão da terra se cumprir. Esta é uma das mais seguras e melhores barras que há nestas partes, pela qual podem entrar e sair quaisquer naus a todo tempo, sem temor de nenhum perigo. E assim, as terras que há nessa capitania também são as melhores e mais aparelhadas de todas quantas há nesta província, para enriquecerem os moradores, e os que lá forem viver com essa esperança, não creio que se enganarão.[25]

A última capitania é a de São Vicente, a qual conquistou Martim Afonso de Sousa; tem quatro povoações. Duas delas estão situadas em uma ilha que um

dentro em muitas partes." No manuscrito do Escorial, é mais preciso: "edificada ao longo de um braço de mar à maneira de baía".

25. Na primeira redação de seu livro sobre o Brasil, Gândavo registra outras informações: "Pode ter pouco mais ou menos cento e quarenta vizinhos, agora se começa a povoar novamente. Esta terra é a mais fértil e viçosa terra que há no Brasil, tem terras mui singulares e muitas águas para engenhos de açúcar. Há nela muito infinito pau-brasil de que os moradores da terra fazem muito proveito. Há nesta cidade um mosteiro de padres da Companhia de Jesus."

braço de mar divide da terra firme à maneira de rio. Estão essas povoações distantes quarenta e cinco léguas do Rio de Janeiro, na altura de vinte e quatro graus. Esse braço de mar que cerca essa ilha tem duas barras cada uma para um lado. Uma delas é rasa e não muito grande, por onde não podem entrar senão embarcações pequenas, ao longo da qual está edificada a mais antiga povoação de todas, a que chamam São Vicente. A uma légua e meia da outra barra (que é a principal, por onde entram os navios grandes e embarcações de toda sorte) está outra povoação chamada Santos, onde por causa dessas escalas reside o capitão ou seu lugar-tenente, com os oficiais do conselho e governo da terra. A cinco léguas para o sul, há outra povoação a que chamam Itanhaém. Outra está a doze léguas pela terra adentro, chamada São Paulo, que edificaram os padres da Companhia, onde há muitos vizinhos, e a maior parte deles são nascidos das índias naturais da terra e filhos de portugueses. Também há outra ilha, ao norte, a qual outro braço de mar divide da terra firme, em cuja barra estão feitas duas fortalezas, uma de cada lado, que defendem essa capitania dos índios e corsários do mar com artilharia de que estão mui bem guarnecidas. Dessa barra se serviam antigamente os inimigos, que é o lugar por onde costumavam fazer muito dano aos moradores.[26]

Outras muitas povoações há por todas essas capitanias, além destas de que tratei, onde residem muitos portugueses; das quais não quis aqui fazer menção, por não ser meu intento dar notícia senão daquelas mais assinaladas, que são as que têm oficiais de justiça e jurisdição sobre si como qualquer vila ou cidade destes reinos.

26. No *Tratado da província do Brasil*, Gândavo escreve: "Esta e o Rio de Janeiro são as mais frias terras que há no Brasil, geia nelas em tempo de inverno quase como neste reino. Nesta capitania se deu já trigo, mas não no querem semear por haver na terra outros mantimentos de menos custo. Tem três povoações e uma fortaleza que está numa ilha junto da terra firme quatro léguas para o norte que se chama Bertioga, daqui defendem esta capitania dos índios e franceses com artilharia que há na mesma fortaleza. A principal povoação se chama Santos onde está um mosteiro de padres da Companhia de Jesus. A outra mais avante ao longo do rio uma légua é São Vicente, também há nela outro mosteiro de padres da Companhia. Pela terra adentro dez léguas edificaram os mesmos padres uma povoação entre os índios que se chama o Campo na qual vivem muitos moradores; a maior parte deles são mamelucos filhos de portugueses e de índias da terra ... . Haverá nessa capitania quinhentos vizinhos, tem quatro engenhos de açúcar e muitas terras viçosas de que os moradores tiram muitos mantimentos e fazenda e vivem todos mui abastados."

Capítulo 4

Da governança que os moradores destas capitanias têm nestas partes e seu modo de viver

Depois que esta província de Santa Cruz começou a se povoar de portugueses, instituiu-se uma governança na qual assistia o governador-geral nomeado por el-rei nosso senhor, com alçada sobre os outros capitães que residem em cada capitania. Mas porque há muita distância entre elas, e a gente vai em muito crescimento, repartiu-se agora em duas governanças,[1] convém a saber, da capitania de Porto Seguro para o norte fica uma, e da do Espírito Santo para o sul fica outra, e em cada uma delas assiste seu governador com a mesma alçada. O da banda do norte reside na Bahia de Todos os Santos e o da banda do sul, no

1. O rei d. Sebastião dividiu o Brasil em dois governos em dezembro de 1572, e esse sistema foi mantido até 1577, quando voltou a ser instalada a fórmula do governo-geral unitário.

Rio de Janeiro. E assim, fica cada um em meio de suas jurisdições, para desta maneira os moradores da terra poderem ser melhor governados e à custa de menos trabalho. E no que toca à vida e ao sustento desses moradores, as casas em que vivem se vão fazendo cada vez mais custosas e de melhor edificação. Porque no princípio não havia outras na terra senão as de taipa e térreas, cobertas somente com palma. E agora já há muitas assobradadas, de pedra e cal, telhadas e forradas como as deste Reino; das quais há ruas mui compridas e formosas na maioria das povoações de que fiz menção. E assim (segundo a gente vai crescendo) espera-se que em breve tempo haja outros muitos edifícios e templos mui suntuosos, de maneira que nesta parte a terra acabe de se enobrecer. Os demais moradores que por estas capitanias estão espalhados, ou quase todos, têm suas terras de sesmaria dadas e repartidas pelos capitães e governadores da terra. E a primeira coisa que pretendem adquirir são escravos para nelas fazerem suas fazendas; e se uma pessoa chega na terra a ter dois pares, ou meia dúzia deles (ainda que outra coisa não tenha de seu), logo tem remédio para poder honradamente sustentar sua família; porque um lhe pesca, e outro lhe caça, os outros lhe cultivam e granjeiam as roças, e dessa maneira não fazem os homens despesa em mantimentos com seus escravos, nem com suas pessoas. Pois daqui se pode inferir o quanto mais crescerão as fazendas daqueles que tiverem duzentos, trezentos escravos, como muitos moradores na terra que não têm menos desta quantia, daí para cima.[2] Esses moradores todos, em grande parte, tratam-se muito bem, e folgam com se ajudarem uns aos outros com seus escravos, e favorecem muito os pobres que começam a viver na terra. Isto geralmente é costume nestas partes, assim como outras muitas obras pias, por onde todos têm remédio de vida e nenhum pobre anda pelas portas a mendigar como nestes reinos.[3]

2. No *Tratado da província do Brasil*, Gândavo pinta um panorama menos otimista: "Uma das coisas por que o Brasil não floresce muito mais é pelos escravos [índios] que se levantaram e fugiram para suas terras e fogem a cada dia. E se esses índios não foram tão fugitivos e mudáveis não teria comparação a riqueza do Brasil."

3. Gândavo fornece mais informações no *Tratado da província do Brasil*: "As fazendas donde se consegue mais proveitos são os açúcares, algodões e pau-brasil, com isto fazem pagamento aos mercadores que deste reino lhes levam fazenda, porque o dinheiro é pouco na terra, e assim vendem e trocam uma mercadoria por outra em seu justo preço. Quantos moradores há na terra têm roças de mantimentos e vendem muitas farinhas de pau uns aos outros, de que também tiram muito proveito."

Capítulo 5

Das plantas, mantimentos e frutas que há nesta província

São tantas e tão diversas as plantas, frutas e ervas que há nesta província, das quais se podiam notar tantas particularidades, que seria coisa infinita escrevê-las todas aqui e dar notícia dos efeitos de cada uma miudamente. E, por isso, não farei agora menção senão de algumas em particular, principalmente daquelas de cuja virtude e fruto participam os portugueses. Primeiramente tratarei da planta e raiz de que os moradores fazem seus mantimentos que lá comem em lugar de pão. A raiz se chama mandioca,[1] e a planta

1. As muitas variedades conhecidas dessa planta, nomeada genericamente como mandioca, aipim ou macaxeira, provêm da mesma espécie botânica, a *Manhiot esculenta*. A planta foi domesticada pelos índios brasileiros e, a partir de seu centro de origem, o Nordeste, espalhou-se por toda a América. Existem registros do uso da

de que se gera é mais ou menos da altura de um homem. Essa planta não é muito grossa e tem muitos nós; quando a querem plantar em alguma roça, cortam-na e fazem-na em pedaços, os quais metem debaixo da terra, como estacas, e daí tornam a brotar outras plantas de novo; cada estaca destas cria três ou quatro raízes e daí para cima (segundo a virtude da terra em que se planta), as quais levam nove ou dez meses para se criar; salvo em São Vicente, onde levam três anos por causa de a terra ser mais fria. Essas raízes a cabo desse tempo se fazem mui grandes à maneira de inhames de São Tomé, ainda que as mais delas são compridas e sinuosas como um corno de boi. E depois de criadas dessa maneira, se não as querem arrancar logo para comer, cortam-lhe a planta pelo pé, e assim ficam estas raízes cinco ou seis meses debaixo da terra em sua perfeição sem se danarem; e em São Vicente se conservam vinte ou trinta anos da mesma maneira. E logo que as arrancam, põe-nas a

mandioca datados de 3000 a.C. na Colômbia e 2800 a.C. no Peru. Uma diversidade de produtos comestíveis – farinha, tapioca, goma, beiju, polvilho, tucupi, sagu etc. – é obtida com este tubérculo, cuja importância foi registrada por todos os cronistas do Brasil contemporâneos de Gândavo.

curtir em água três ou quatro dias, e depois de curtidas, pisam-nas muito bem. Feito isto, metem aquela massa em algumas mangas compridas e estreitas que fazem de umas vergas delgadas, tecidas à maneira de cesto,[2] e ali a espremem daquele sumo, de maneira que não fique dele nenhuma coisa por esgotar; por que é tão peçonhento e em tanto extremo venenoso, que se uma pessoa, ou qualquer outro animal, o beber, logo naquele instante morrerá. E depois de a terem curada dessa maneira, põem um alguidar sobre o fogo, em que a lançam, a qual uma índia fica mexendo até que o fogo acabe por secar sua umidade e fique enxuta e disposta para se poder comer, o que levará mais ou menos meia hora.[3] Este é o mantimento a que chamam farinha de

2. Esse cesto é o *tipiti*, que, hoje, na Amazônia, é tecido com as fibras do arumã ou da jacitara.

3. A mandioca é uma das plantas mais venenosas do mundo, e é notável o fato de os índios brasileiros terem desenvolvido uma tecnologia – descrita por Gândavo – para torná-la comestível: o processo da preparação da farinha por longa imersão na água e posterior extração por via quente dos ácidos prússicos e hidrociânicos, pois o calor faz evaporar as toxinas. Além disso, dentre as muitas variedades da espécie, os índios selecionaram aquelas próprias para o consumo *in natura*, as que não contém toxinas, e que Gândavo denomina como aipim. No Brasil atual, os nomes das variedades venenosas ou não venenosas variam de região para região.

pau,[4] com que os moradores e o gentio desta província se mantêm. Há todavia farinha de duas maneiras: uma se chama de guerra, e outra fresca. A de guerra se faz dessa mesma raiz e, depois de feita, fica muito seca e torrada de maneira que dura mais de um ano sem se danar. A fresca é mais mimosa e de melhor gosto, mas não dura mais que dois ou três dias e, depois disso, logo se corrompe. Dessa mesma mandioca fazem outra maneira de mantimentos que se chamam beijus, os quais são de feição de obréias,[5] mas mais grossos e alvos, e alguns deles estendidos à feição de filhós.[6] Destes usam muito os moradores da terra (principalmente os da Bahia de Todos os Santos) porque são mais saborosos e de melhor digestão que a farinha.

Também há outra casta de mandioca que tem diferente propriedade desta, a que por outro nome chamam aipim, da qual em algumas capitanias se fazem uns bolos

4. Farinha fresca.

5. No texto original "obreas": massa de que se faz a hóstia, ou a própria hóstia.

6. Massa de farinha e ovos que, depois de estendida, é frita e passada na calda de açúcar.

que no sabor excedem o pão fresco deste reino. O sumo dessa raiz não é peçonhento, como o que sai da outra, nem faz mal ainda que se beba. Também se come esta raiz assada como batata ou inhame, porque de toda maneira se acha nela muito gosto. Além desse mantimento, há na terra muito milho zaburro[7] de que se faz pão muito alvo, e muito arroz, e muitas favas de diferentes castas, e outros muitos legumes que abastam muito a terra.

Nesta província se dá também uma planta que veio da ilha de São Tomé, com cuja fruta muitas pessoas na terra se sustentam. Essa planta é mui tenra e não muito alta, não tem ramos, senão umas folhas que terão seis ou sete palmos de comprido. A fruta dela se chama bananas;[8] têm a feição de pepinos e criam-se em cachos,

7. Não é o milho nativo do Brasil, mas uma gramínea do gênero *Sorghum*, que produz espigas, e é hoje usado na alimentação do gado. O milho americano, o *Zea mays*, é também da família das gramíneas, mas trata-se de um parente distante do zaburro. Gabriel Soares de Sousa faz uma diferenciação entre o milho brasileiro e o de fora: diz que o milho de Guiné, em Portugal chamado zaburro, é semelhante ao milho natural do Brasil, chamado de *ubatim* pelos índios.

8. No *Tratado da província do Brasil*, Gândavo registra o nome indígena: *pacova*. É esse o primeiro registro dessa palavra tupi, que significa "folha de enrolar". E ainda dá mais informações sobre a fruta: "Assadas maduras são muito sadias e se mandam dar aos enfermos. Com esta fruta se mantém a maior parte dos escravos desta terra, porque assadas verdes passam por mantimento e quase tem substância de pão. Há

alguns deles são tão grandes que têm cento e cinqüenta bananas para cima. E muitas vezes é tamanho o peso delas que acontece quebrar a planta pelo meio. Quando estão de vez, colhem-se esses cachos, e daí a alguns dias amadurecem. Depois de colhidos, cortam essa planta, porque não frutifica mais que a primeira vez, mas tornam logo a nascer dela uns filhos que brotam do mesmo pé, de que se fazem outros semelhantes. Essa fruta é mui saborosa e das boas que há na terra: tem uma pele como de figo (ainda que mais dura), a qual lhe lançam fora quando a querem comer, mas faz dano à saúde e causa febre a quem se desmanda nela.

duas qualidades desta fruta, umas são pequenas como figos berjaçotes, as outras são maiores e mais compridas. Essas pequenas têm dentro de si uma coisa estranha a qual é que quando as cortam pelo meio com uma faca ou por qualquer parte que seja, acha-se nelas um sinal à maneira de crucifixo, e assim totalmente o parece." Gabriel Soares de Sousa diferencia as *pacovas*, que acredita originárias do Brasil, das bananas vindas de São Tomé. No entanto, os botânicos modernos dão razão a Gândavo: as bananas (*Musa paradisiaca*) chegaram ao Brasil trazidas das Ilhas Canárias, zona de cultivo subtropical, para onde foram levadas espécies do oeste africano. Portanto, não havia uma espécie brasileira, como acreditava Gabriel Soares de Sousa. O pe. Fernão Cardim não entra nessa discussão, mas faz uma bela descrição da planta: "Esta é a figueira que dizem de Adão, nem é árvore, nem erva ...; o talo é muito mole, as folhas que deita são formosíssimas e algumas de comprimento de uma braça, e mais, todas rachadas como veludo de Bragança, tão finas que se escreve nelas, tão verdes, e frias, e frescas que deitando-se um doente de febre sobre elas fica a febre temperada com sua frialdade, são muito frescas para enramar as casas e igrejas."

Há também nestas partes umas árvores mui altas a que chamam sapucaias,[9] nas quais se criam uns vasos tamanhos como grandes cocos, quase da feição das jarras da Índia. Esses vasos são mui duros em grã maneira, e estão cheios de umas castanhas muito doces e saborosas em extremo; e têm as bocas para baixo cobertas com umas sapadoiras,[10] que parecem realmente não terem sido criadas pela natureza, mas feitas por artifício de indústria humana. E logo que as tais castanhas estão maduras, caem estas sapadoiras, e dali começam as mesmas castanhas também a cair pouco a pouco até não ficar nenhuma dentro dos vasos.

Outra fruta há nesta terra, muito melhor que todas e mais prezada pelos moradores, que se cria em uma planta humilde junto do chão, a qual planta tem umas pencas como a erva babosa. A essa fruta chamam ana-

9. "Zabucáes" no texto original. Pelo nome "sapucaia" designam-se várias espécies da família *Lecythidaceae*, dos gêneros *Lecythis* ou *Bertholletia*, que produzem nozes de alto valor nutricional, dentre as quais se destaca a castanha-do-pará (*Bertholletia excelsa*).

10. Ou "sapadoura", no original "çapadoiras": tampa.

nases,[11] e nascem como alcachofras, os quais parecem naturalmente pinhas e são do mesmo tamanho, e alguns maiores. Depois que estão maduros têm um cheiro mui suave, e comem-se aparados feitos em talhadas. São tão saborosos que, a juízo de todos, não há fruta neste reino que no gosto lhes faça vantagem. E assim fazem os moradores por eles mais, e os têm em maior estima que qualquer outro pomo que haja na terra.[12]

Há outra fruta que nasce pelo mato em umas árvores tamanhas como pereiras ou macieiras, a qual é da feição de peros repinaldos[13] e muito amarela. A essa fruta chamam caju;[14] tem muito sumo, e come-se

11. Em tupi, *nanã*, "cheira-cheira". O ananás (*Ananas comosus*), uma bromeliácea originária da América do Sul, despertou significativo interesse entre os viajantes tanto pelo seu sabor quanto por suas propriedades medicinais. E logo foi levada para outras colônias portuguesas: em 1548 já estava plantada na Índia, introduzida a partir de Goa.

12. No *Tratado da província do Brasil*, Gândavo registra o cultivo em larga escala do ananás: "E fazem todos tanto por essa fruta que mandam plantar roças deles como de cardais. A este nosso reino trazem muitos destes ananases em conserva."

13. Variedade de maçã, de formato longo e ovalado, perfumada e de sabor doce. Também o pe. Fernão Cardim compara os cajus aos "peros repinados ou camoeses".

14. O caju (*Anacardium occidentale*), originário das costas do Nordeste brasileiro, é descrito com muita minúcia e interesse pelos cronistas do Brasil, e foi registrado pela primeira vez por Gândavo. Ainda no século XVI foi levado para a Índia pelos portugueses, onde era usado no tratamento de males digestivos.

pela calma[15] para refrescar, porque é ela por sua natureza muito fria, e de maravilha[16] faz mal, ainda que se desmande nela. Na ponta de cada pomo destes se cria um caroço do tamanho de uma castanha, à feição de fava, o qual nasce primeiro e vem antes da fruta, como uma flor. A casca dele é muito amargosa em extremo, e o miolo assado é de sua natureza muito quente, e mais gostoso que amêndoa.[17]

Outras muitas frutas há nesta província, de diversas qualidades, e são tantas que já se acharam pela terra adentro algumas pessoas, as quais se sustentaram com elas muitos dias sem outro mantimento algum. Estas que aqui escrevo são as que os portugueses têm em mais estima e as melhores da terra. Algumas deste reino se dão também nestas partes, convém a saber, muitos melões, pepinos, romãs, e figos de muitas castas, muitas

15. Na hora do calor, da sesta. Calma é calor forte.

16. Dificilmente.

17. No *Tratado da província do Brasil*, Gândavo diz mais: "E cria-se na ponta desta fruta um caroço como castanha, o qual tem a casca mais amargosa que fel e se tocarem com ela nos beiços dura muito aquele amargor e faz empolar toda a boca, pelo contrário esse caroço assado é muito doce e mais gostoso que amêndoa ... . Há na terra tantos desses caroços que os medem aos alqueires."

parreiras que dão uvas duas, três vezes no ano, e de toda outra fruta da terra há sempre a mesma abundância, e por causa de não haver lá (como digo) frios que lhes façam nenhum prejuízo. De cidras, limões e laranjas há muita infinidade, porque essas árvores de espinho se dão muito bem na terra e se multiplicam mais que as outras.

Além das plantas que produzem essas frutas e mantimentos que na terra se comem, há outras de que os moradores fazem suas fazendas, convém a saber, muitas canas-de-açúcar e algodoais, que são a principal riqueza que há nestas partes, de que todos se ajudam e fazem muito proveito em todas as capitanias, especialmente na de Pernambuco, onde foram feitos perto de trinta engenhos, e na da Bahia do Salvador quase outros tantos, donde se tira a cada ano grande quantidade de açúcares, e se dá infinito algodão, muito mais, sem comparação, do que em todas as outras. Também há muito pau-brasil nestas capitanias, de que os moradores tiram grande proveito; o qual pau se mostra claramente ser produzido pela quentura do sol e criado com a influência de seus raios, porque não se acha senão debaixo da zona tórrida; e assim, quanto mais perto está da linha equinocial, tanto é mais fino e de melhor tinta. E esta é a causa por que o não há na capitania de São Vicente, nem daí para o sul.

Um certo gênero de árvores há também pelo mato adentro na capitania de Pernambuco a que chamam copaíba,[18] de que se tira bálsamo mui salutífero e proveitoso em extremo para toda sorte de enfermidades, principalmente nas que procedem de frialdade, causa grandes efeitos e tira todas as dores em muito breve espaço, por graves que sejam. Para feridas ou quaisquer outras chagas tem a mesma virtude: logo que com ele as tratam, saram mui depressa, e tira os sinais de maneira que de maravilha se enxerga onde estiveram, e nisto

18. O nome copaíba é designação comum a várias árvores do gênero *Copaifera*, nativas do Brasil. Gândavo é o primeiro a escrever sobre a árvore, cujas virtudes medicinais foram citadas pelos cronistas brasileiros que a seguir trataram dela. Ao tratar pela primeira vez das árvores-de-bálsamo, no *Tratado da província do Brasil*, Gândavo é ainda bastante impreciso, mas provavelmente se referia à copaíba: "Acha-se também nesta capitania pelo mato adentro uma certa árvore de onde se tira bálsamo mui precioso de suavíssimo cheiro e grande virtude, e quando querem tirá-lo dão certos golpes no tronco da árvore e por eles está destilando pouco a pouco esse licor precioso. Mas acham-se essas árvores muito poucas e os que as vão buscar correm muito risco suas vidas por causa dos índios que andam sempre pelo mato."

faz vantagem a todas as outras medicinas. Esse óleo não se acha durante todo o ano nessas árvores, nem procuram ir buscá-lo, senão no estio, que é o tempo em que assinaladamente o criam. E quando querem tirá-lo dão certos golpes ou furos no tronco delas, pelos quais pouco a pouco vão estilando do âmago esse licor precioso. Porém não se acha em todas essas árvores, senão em algumas, a que dão o nome de fêmeas; e as outras que carecem dele chamam machos, e nisto somente se conhece a diferença desses dois gêneros, pois que na proporção e semelhança não diferem nada umas das outras. As mais delas se acham roçadas dos animais que por instinto natural, quando se sentem feridos ou mordidos por alguma fera, as vão buscar para remédio de suas enfermidades.

Outras árvores diferentes destas há na capitania de Ilhéus e na do Espírito Santo a que chamam cabreúvas,[19] de que também se tira outro bálsamo, o qual sai

19. Gândavo é o primeiro a descrever essa árvore, no texto original "caborahíba". Cabreúva é designação comum para várias espécies do gênero *Myrocarpus*, sendo a mais usada a *Myrocarpus frondosus*. A seiva odorífera, retirada por incisões no tronco, é utilizada na perfumaria.

da casca da árvore e cheira suavissimamente. Também é aproveitado para as mesmas enfermidades, e aqueles que o conseguem obter, têm-no em alta estima e vendem-no por muito preço; porque além de as tais árvores serem poucas, correm muito risco as pessoas que o vão buscar por causa dos inimigos que andam sempre naquela parte emboscados pelo mato e não perdoam a quantos acham.

Também há uma certa árvore na capitania de São Vicente que se diz pela língua dos índios *obirá paramaçaci*,[20] que quer dizer pau para enfermidades; com o leite da qual somente com três gotas purga uma pessoa por baixo e por cima grandemente. E se tomar a quantidade de uma casca de noz morrerá sem nenhuma remissão.

Doutras plantas e ervas que não dão fruto, nem se sabe para o que prestam, se podia escrever muitas coisas de que aqui não faço menção, porque meu intento não foi senão dar notícia (como já disse) destas de cujo fruto

20. Além de Gândavo, o único cronista do Brasil a fazer referência a essa árvore é o pe. Francisco Soares, nas *Coisas notáveis do Brasil*, de 1594, que grafa o nome de maneira ligeiramente diversa: *ibira poromocaci*.

se aproveitam os moradores da terra. Somente tratarei de uma mui notável, cuja sabida qualidade creio que em toda parte causará grande espanto. Chama-se erva-viva[21] e tem alguma semelhança com o silvão macho.[22] Quando alguém lhe toca com as mãos ou com qualquer outra coisa que seja, naquele momento se encolhe e murcha de maneira que parece criatura sensitiva que se ressente e se escandaliza com aquele toque. E depois que sossega, como coisa já esquecida desse agravo, torna logo pouco a pouco a estender-se até ficar outra vez robusta e verde como dantes. Essa planta deve ter alguma virtude mui grande a nós encoberta, cujo efeito não será porventura de menos admiração. Porque sabemos, de todas as ervas que

21. Dormideira, cujo nome científico, *Mimosa pudica*, reflete a descrição feita por Gândavo; também chamada sensitiva, malícia-de-mulher e vergonhosa. Garcia de Orta, em 1563, descreve uma espécie de erva-viva, observada na Índia, de maneira bastante semelhante: "Tem uma propriedade estranha que é não querer que a toquem; é erva que não se consente tocar, porque pondo-lhe a mão vereis como se encolhe logo. ... Desta erva não falaram nem Plínio nem Dioscórides; mas o autor do livro da Nova Espanha diz que há no Peru." Segundo o médico espanhol quinhentista Cristóbal Acosta, na Índia a erva era considerada uma planta sagrada, sendo consultada em questões amorosas.

22. Espécie de silva (*Rubus canina*), também chamada silva-macho ou rosa-de-cão.

Deus criou, ter cada uma particular virtude, com a qual fazem diversas operações naquelas coisas para cuja utilidade foram criadas; quanto mais esta a que a natureza tanto quis assinalar, dando-lhe um tão estranho ser, diferente de todas as outras.

Capítulo 6

Dos animais e bichos venenosos que há nesta província

Como esta província seja tão grande, e a maior parte dela inabitada e cheia de altíssimos arvoredos e espessos matos, não é de espantar que haja nela muita diversidade de animais e bichos mui feros e venenosos. Pois se cá entre nós, com ser a terra já tão cultivada e possuída de tanta gente, ainda se criam nas brenhas cobras mui grandes, de que se contam coisas mui notáveis, e outros bichos e animais mui danosos, esparzidos por charnecas e matos, a que os homens, com serem tantos e os matarem sempre, não podem acabar de dar-lhes fim, como sabemos; quanto mais nesta província, onde os climas e qualidades dos ares terrestres não são menos dispostos para os gerarem do que a terra em si, com os muitos matos que digo, acomodada para os criar. Porém de toda imundícia e variedade de animais que por ela espalhou a natureza, não havia lá nenhum doméstico, quando começaram os portugueses a povoá-la.[1] Mas depois que a terra foi deles conhecida, e vieram a entender o proveito que podiam alcançar com a criação desses animais, começaram a levar da ilha de Cabo Verde cavalos e éguas, de que agora já há grande criação em todas as capitanias desta província. E assim há também grande cópia de gado que da mesma ilha foi levado a estas partes, principalmente do gado *vacum* há grande abundância, o qual, pelos pastos serem muitos, vai sempre em grande crescimento.[2] Os outros animais que na terra se acharam, todos são bravos de natureza, e alguns estranhos nunca vistos em outras partes, dos quais darei aqui logo notícia, começando primeiramente por aqueles

1. No Brasil, o único animal domesticado pelos índios foi o pato-do-mato, a *Cairina moschata*. O pe. Manuel da Nóbrega, em uma carta de 1549, faz menção aos "gansos que criam os índios".

2. No *Tratado da província do Brasil*, Gândavo discorre sobre um pormenor curioso: "Em Porto Seguro não se querem dar nenhumas vacas se não o primeiro ano, no qual engordaram tanto que do muito viço dizem que morrem todas." Também Gabriel Soares de Sousa e o pe. Fernão Cardim observam essa peculiaridade do pasto da capitania de Porto Seguro.

que na terra se comem, de cuja carne os moradores são mui abastados em todas as capitanias.

Há muitos veados e muita soma de porcos de diversas castas, convém a saber, há monteses como os desta terra, e outros menores que têm o umbigo nas costas,[3] de que se mata na terra grande quantidade. E outros que comem e se criam na terra e andam debaixo d'água o tempo que querem, aos quais, como corram pouco por causa de terem os pés compridos e as mãos curtas, proveu a natureza de maneira que pudessem conservar a vida debaixo d'água, onde logo se lançam de mergulho assim que vêem gente ou qualquer outra coisa que temam.[4] E assim a carne destes, como a dos

3. São os porcos-do-mato, do gênero *Tayassu*, que têm nas costas uma glândula odorífera. Gabriel Soares de Sousa descreve três tipos de porcos-do-mato com "o umbigo nas costas": o *tajaçu*, o *tajaçutirica* e o *tajaçueté*. O pe. Fernão Cardim, nos *Tratados da terra e da gente do Brasil*, fala dos "porcos monteses" que têm "o umbigo nas costas": "Por ele sai um cheiro, como de raposinho, e por este cheiro os seguem os cães e são tomados facilmente." No Brasil não existem porcos monteses, mas duas espécies de porcos nativos: o *Tayassu tajacu* (caititu ou cateto), que possui um colar branco em volta do pescoço, e o *Tayassu pecari* (queixada).

4. Trata-se da capivara (*Hydrochaeris hydrochaeris*). *Capivara* significa, em tupi, "comedor de capim". Não é uma espécie de porco, como acreditavam Gândavo e os demais cronistas da época, mas um roedor, o maior do mundo.

outros, é muito saborosa e tão sadia que se manda dar aos enfermos, porque para qualquer doença é proveitosa e não faz mal a nenhuma pessoa.[5]

Também há uns animais na terra a que se chamam antas[6] que são da feição de mulas, mas não tão grandes, e têm o focinho mais delgado e um beiço comprido à maneira de tromba. As orelhas são redondas e o rabo não muito comprido, e são cinzentas pelo corpo e brancas pela barriga. Estas antas não saem a pascer senão de noite, e logo que amanhece metem-se em alguns brejos, ou na parte mais secreta que acham, e ali ficam o dia todo escondidas como aves noturnas a que a luz do dia é odiosa, até que, anoitecendo, tornam outra vez a sair e a pascer por onde querem como é seu costume. A carne

5. No século XVI, a comida era parte importante no tratamento de doenças. Para cada tipo de enfermidade os "físicos" prescreviam dietas específicas que incluíam, além das canjas, carnes de várias espécies, frutas, ervas e legumes preparados segundo receitas especiais. Em relação à carne da capivara, é curioso observar que não é recomendada para alimentação a carne do animal no cio, quando se mostra indigesta.
6. Gândavo não adota o nome tupi, *tapir* (ou *tapiretê*). O *Tapirus terrestris* é encontrado da Venezuela até a Argentina. A palavra "anta" é de origem árabe e designa uma espécie de mamífero semelhante ao tapir, nativa do sudoeste da Ásia, conhecida desde antes da descoberta do Novo Mundo. Os índios chamaram o gado bovino europeu de *tapyra*, por semelhança ao animal que conheciam.

desses animais tem o sabor como de vaca, da qual parece que não difere coisa alguma.

Outros animais há a que se chamam cutias,[7] que são do tamanho de lebres e quase têm a mesma semelhança e sabor. Estas cutias são ruivas e têm as orelhas pequenas e o rabo tão curto que quase não se enxerga. Há também outros maiores, a que chamam pacas,[8] que têm o focinho redondo e quase da feição de gato, e o rabo como o da cutia. São pardas e malhadas de pintas brancas por todo o corpo. Quando querem guisá-las para comer, pelam-nas como leitão, e não as esfolam, porque têm um couro mui tenro e saboroso, e a carne também é muito gostosa, e das melhores que há na terra.

Outros há também nestas partes muito para notar, diferentes de todos os outros animais (a meu juízo) que quantos até agora se têm visto. Chamam-lhes tatus, e são

7. Gândavo é o primeiro a registrar o nome tupi do animal, que já tinha sido descrito por André Thevet nas *Singularidades da França Antártica*, a que chamou *agoutin*. *Acuti* ou *cutia* é nome atribuído a várias espécies de mamíferos roedores do gênero *Dasyprocta*. *Cutia*, em tupi, significa "o que come com as patas da frente".

8. Gândavo é o primeiro a descrever esse mamífero roedor (*Agouti paca*) e a registrar seu nome tupi. *Paca*, em tupi, significa "esperta".

quase tamanhos como leitões, têm um casco como de cágado, o qual é repartido em muitas juntas como lâminas, e arranjado de maneira que parece totalmente um cavalo armado.[9] Têm um rabo comprido todo coberto do mesmo casco; o focinho é como de leitão, ainda que um tanto mais delgado, e não botam fora do casco mais que a cabeça. Têm as pernas curtas e criam-se em covas, como coelhos. A carne desses animais é a melhor e a mais estimada que há nesta terra e tem o sabor quase como de galinha.

Há também coelhos[10] como os de cá da nossa pátria, de cujo parecer não diferem coisa alguma.

Finalmente que desta e de toda a mais caça de que acima tratei participam (como digo) todos os moradores, e mata-se muita dela à custa de pouco trabalho, em toda a

9. O tatu foi um dos animais que provocou mais admiração nos viajantes quinhentistas que o descreveram. Aparece pela primeira vez numa carta de 1560 de José de Anchieta. Todos louvavam o ótimo sabor da carne. "Parece galinha ou leitão, muito gostosa", registrou o pe. Fernão Cardim, que também descreve o animal como um cavalo armado. Em espanhol, tatu é *armadillo*. *Tatu* significa, em tupi, "couraça", casca encorpada. Os tatus são da família *Dasypodidae*, com várias espécies que se distribuem dos Estados Unidos até o estreito de Magalhães. O tatu-canastra, *Priodentes maximus*, é a maior espécie existente, podendo chegar a um metro de altura e pesar 30 quilos.

10. Outros viajantes descreveram o coelho-do-mato, o *tapiti*, mamífero roedor da família dos Leporídeos (*Sylvilagus brasiliensis*).

parte que querem; porque não há lá impedimento de coutadas[11] como nestes reinos, e um só índio basta (se é bom caçador) para sustentar uma casa com carne do mato, ao qual não escapa um dia que não mate porco ou veado, ou qualquer outro animal destes de que fiz menção.

Outros animais há nesta província mui feros e prejudiciais a toda essa caça e ao gado dos moradores, aos quais chamam tigres,[12] ainda que na terra a mais da gente os nomeia por onças; mas algumas pessoas que os conhecem e os viram em outras partes afirmam que são tigres. Esses animais se parecem naturalmente com gatos, e não diferem deles em outra coisa salvo na grandeza do corpo, porque alguns são tamanhos como bezerros, e outros menores. Têm o cabelo dividido em várias e distintas cores, convém a saber, em pintas brancas, pardas e pretas. Quando se acham famintos, entram nos currais do gado e

11. Terra demarcada para caça particular.

12. Gândavo, provavelmente, está se referindo à onça pintada (*Panthera onca*), chamada pelos índios tupi de *jaguaretê*, e também aos gatos pintados, como o *maracajá-açu* (*Felis pardalis*) e a jaguatirica (*Felis tigrina*). Fernão Cardim não fala de tigres, mas de *iagoaretê*. Gabriel Soares de Sousa registra a confusão sobre a nomenclatura do animal: "Têm para si os portugueses que jaguaretê é onça e outros dizem que é tigre."

matam muitas vitelas e novilhos que vão comer ao mato, e o mesmo fazem a todo animal que podem alcançar. E, pelo conseguinte, quando se vêem perseguidos pela fome, também atacam os homens. Nesta parte são tão ousados, que já aconteceu trepar-se um índio a uma árvore por se livrar de um desses animais, que o ia seguindo, e pôr-se o mesmo tigre ao pé da árvore, não bastando a espantá-lo a gente da povoação que acudiu aos gritos do índio, antes, a todos os medos, deixou-se estar muito seguro, guardando sua presa, até que sendo noite, retornaram, sem ousarem fazer-lhe nenhuma ofensa, dizendo ao índio que se deixasse estar, que o tigre se enfadaria de o esperar. E quando veio a manhã (ou porque o índio se quis descer, parecendo-lhe que o tigre já tinha ido, ou por ter caído por algum desastre, ou pela via que fosse) não se achou dele aí mais que os ossos. Porém, pelo contrário, quando estão fartos, esses animais são mui covardes e tão pusilânimes que qualquer cão que os ataca basta para fazê-los fugir, e, algumas vezes, acossados pelo medo, trepam em uma árvore, e ali se deixam matar às flechadas sem nenhuma resistência. Enfim, que a fartura supérflua não somente apaga a prudência, a fortaleza do ânimo e a viveza do engenho do homem, mas ainda aos brutos animais inabilita e os faz incapazes de usarem de suas forças naturais posto que tenham necessidade de as exercitarem para defesa de sua vida.

Outro gênero de animais há na terra a que chamam sarigüês,[13] que são pardos e quase do tamanho de raposas, os quais têm uma abertura na barriga ao comprido, de maneira que de cada banda lhes fica um bolso, onde trazem os filhos metidos. E cada filho tem sua teta pegada na boca, da qual não a tiram nunca até que se acabam de criar. Desses animais se afirma que não concebem nem geram os filhos dentro da barriga, senão naqueles bolsos, porque de quantos se tomaram nunca se achou algum prenhe. E além disso há outras conjecturas muito prováveis por onde se tem por impossível parirem os tais filhos como todos os outros animais (segundo a ordem da natureza) parem os seus.

13. No texto original "cerigoes". Trata-se do gambá ou *sarigüê*, *saruê*, *mucurá* – várias espécies de marsupiais do gênero *Didelphis*. *Sarigüê*, em tupi, significa "animal de saco ou bolsa". Não existem marsupiais na Europa, daí a observação de Gândavo sobre o modo de gestação desses curiosos mamíferos. No manuscrito do Escorial da *História da província*, Gândavo observa: "Esses animais devem ser aqueles de que Pedro Apiano (tratando da América) faz menção na sua Cosmografia."

Um certo animal se acha também nestas partes a que chamam preguiça[14] (que é mais ou menos do tamanho daqueles), o qual tem um rosto feio e umas unhas muito compridas quase como dedos. Tem uma gadelha grande no toutiço,[15] que lhe cobre o pescoço, e anda sempre com a barriga lançada pelo chão sem nunca se levantar em pé como os outros animais, e assim se move com passos tão vagarosos que, ainda que ande quinze dias aturados,[16] não vence a distância de um tiro de pedra. O seu mantimento é folhas de árvores e em cima delas anda o mais do tempo, para onde há mister pelo menos dois dias para subir, e dois para descer.[17] E mesmo que o matem com pancadas ou que outros animais o persigam, não se mexe hora nenhuma.

14. Gândavo não registrou a palavra tupi *aí* (*ahy*) que designa a preguiça. Existem no Brasil, três espécies do animal: a preguiça-bentinho (*Bradypus variegatus*), a preguiça-bentinho da Amazônia (*Bradypus tridactilus*) e a preguiça-preta (*Bradypus torquatus*), muito comum na Mata Atlântica. Gândavo provavelmente deve ter visto esta última, porque não faz referência ao "bentinho" que as outras espécies trazem nas costas.

15. Cabeleira na parte posterior da cabeça.

16. Continuado, por muito tempo e com custo.

17. No *Tratado da província do Brasil*, Gândavo é menos exagerado: "Se move com passos tão vagarosos que ainda que ande oito dias aturados não vencerá um tiro de pedra."

Outro gênero de animais há na terra a que chamam tamanduás[18] e que serão do tamanho de um carneiro; os quais são pardos e têm um focinho muito comprido e delgado para baixo; a boca não têm rasgada como a dos outros animais, e é tão pequena, que dificilmente caberão por ela dois dedos. Têm uma língua muito estreita e de quase três palmos de comprido. As fêmeas têm duas tetas no peito, como de mulher, e o úbere lançado em cima do pescoço entre as pás,[19] donde lhes desce o leite às tetas onde criam os filhos. E assim têm duas unhas em cada mão tão compridas como grandes dedos, largas à maneira de escopro.[20] Também têm um rabo mui cheio de sedas e quase tão compridas como as de um cavalo. Todos esses extremos que se acham nestes

18. Os cronistas quinhentistas descreveram com grande admiração o tamanduá, animal da família dos *Myrmecophagidae*. O primeiro a dar notícia do estranho animal foi o pe. José de Anchieta, em 1560. *Tamanduá*, em tupi, significa "caçador de formigas". Gândavo descreve o tamanduá-bandeira (*Myrmecophaga tridactyla*), o maior de todos. Existem ainda outras duas espécies: o tamanduá-de-colete (*Tamandua tetradactyla*) e o tamanduá-mirim (*Cyclopes didactilus*), de cor dourada, minúsculo, que vive nas copas das árvores.

19. Omoplatas, espáduas, partes em que as coxas se articulam com o tronco.

20. No original "escouparo": corruptela de escobro, instrumento de aço ou calçado de aço que serve para lavrar madeiras, pedras e metais.

animais são necessários para a conservação de sua vida: porque não comem outra coisa senão formigas. E como isto assim seja, vão-se com aquelas unhas a arranhar os formigueiros onde as há, e, logo que as têm agravadas,[21] lançam a língua fora e põem-na ali naquela parte onde arranharam, e quando esta se enche de formigas, recolhem-na para dentro da boca, e fazem isto tantas vezes até que se acabam de fartar. E quando se querem agasalhar ou esconder de alguma coisa, levantam aquele rabo e lançam-no por cima de si, debaixo de cujas sedas ficam todos cobertos sem se enxergar deles coisa alguma.

Bugios há na terra muitos e de muitas castas como já se sabe, e por serem tão conhecidos em toda parte, não particularizarei aqui por extenso suas propriedades. Somente tratarei em breves palavras alguma coisa daqueles de que particularmente entre os outros se pode fazer menção.

Há alguns ruivos não muito grandes que derramam de si um cheiro mui suave a toda pessoa que a eles se

21. Irritadas, assanhadas.

chega, e se os tratam com as mãos, ou se acertam de suar, ficam muito mais odoríferos e alcança o cheiro a todos os circunstantes.[22] Destes há mui poucos na terra e não se acham senão pelo sertão adentro, muito longe.

Outros há, pretos, maiores do que estes, que têm barba como de homem; os quais são tão atrevidos que muitas vezes acontece de alguns índios flecharem alguns, e eles tirarem as flechas do corpo com suas próprias mãos e tornarem a arremessá-las a quem lhes atirou. Estes são mui bravos por sua natureza e mais esquivos de todos quantos há nestas partes.[23]

Há também uns pequeninos pela costa, de duas castas, pouco maiores que doninhas, a que comumente chamam sagüis. Há uns louros e outros pardos. Os louros têm um cabelo muito fino, e na semelhança do vulto e feição do corpo quase se querem parecer com leão; são muito formosos e não os há senão no Rio de Janeiro.[24] Os pardos se acham daí para o norte, em todas

22. Existem várias espécies de macacos que excretam odor agradável; pela descrição de Gândavo não é possível identificar o animal.

23. Provavelmente, Gândavo se refere ao macaco guariba (*Alouata fusca*), que se destaca pela barba "como de homem".

as capitanias. Também são muito aprazíveis, mas não tão alegres à vista como estes. E assim, uns como outros são tão mimosos e delicados de sua natureza, que quando os tiram da pátria e os embarcam para este reino, logo que chegam a outros ares mais frios quase todos morrem no mar, e não escapa senão algum de grande maravilha.

Há também pelo mato adentro cobras mui grandes, e de muitas castas, a que os índios dão diversos nomes conforme as suas propriedades. Umas há na terra tão disformes de grandes que engolem um veado, ou qualquer outro animal semelhante, todo inteiro.[25] E isto não é muito para

24. Trata-se do mico-leão-dourado (*Leontopithecus rosalia rosalia*), espécie circunscrita ao Rio de Janeiro.

25. No *Tratado da província do Brasil*, Gândavo registra uma versão mais detalhada e fantasiosa dessa espécie de cobra (talvez a boiguaçu ou a jibóia, *Boa constrictor*): "E afirmam que tem essa cobra tal qualidade que depois de o ter comido [ao veado] arrebenta pela barriga, e quanta carne tem pelo corpo apodrece, e fica somente no espinhaço, com a cabeça e a ponta do rabo sã, e tanto que desta maneira torna pouco a pouco a criar carne nova até que se cobre outra vez de carne, tão perfeitamente como dantes. Isto viram e experimentaram muitos índios e moradores da terra. A esta chamam jiboiassu." Também Gabriel Soares de Sousa relata essa imaginária capacidade de reconstrução, ao descrever a jibóia: "[Urubus] comem-lhe a barriga e o que tem dentro e tudo o mais por estar podre e não lhe deixam senão o espinhaço que está pegado na cabeça e na ponta do rabo e é muito duro e com isto fica limpa da carne toda. Vão-se os pássaros e torna-lhe a crescer a carne nova até que ficam em sua perfeição e assim como lhe vai crescendo a carne, começa a bulir com o rabo e

espantar, pois vemos que nesta nossa pátria há hoje em dia cobras bem pequenas que engolem uma lebre ou coelho da mesma maneira, tendo um colo[26] que à vista parece pouco mais grosso que um dedo, e quando vêm a engolir esses animais, alarga-se e dá de si de maneira que passam por ele inteiros e assim os estão sorvendo até os acabarem de meter no bucho, como entre nós é notório. Quanto mais estas outras de que trato, que por razão de sua grandeza fica parecendo a quem as viu menos dificultoso engolirem qualquer animal da terra, por grande que seja.

Outras há doutra casta diferente, não tão grandes como estas, mas mais venenosas, as quais têm na ponta

torna a reviver ficando como dantes, o que se tem por verdade por se ter disto muitas informações dos índios e dos línguas [europeus que falavam a língua dos índios] que andam por entre eles pelo sertão." No *Tratado da província*, Gândavo faz referência a outra espécie de cobra, a qual não menciona na *História da província*, as surucucus: "São tão grandes em tanto extremo que apenas dezesseis índios podiam levar uma que mataram junto da costa entre os portugueses"; provavelmente tratava-se de uma sucuri ou sucuriju (*Eunectes murinus*). Também descreve as ibijaras (*Amphisbaena alba*), ou *hebijaras*, que não são cobras, mas um lagarto com minúsculos vestígios de pernas, serpentiforme, não-venenoso: "Tem duas bocas, uma na cabeça outra no rabo, morde com ambas, essa cobra é branca e mui curta, o mais do tempo está debaixo da terra, é peçonhentíssima sobre todas." E termina seu relato sobre as cobras com uma nota fantástica: "Também afirmam alguns homens que viram serpentes nesta terra com asas mui grandes e espantosas mas acham-se raramente."

26. Pescoço, parte entre a cabeça e o tronco.

do rabo uma coisa que soa quase como cascavel,[27] e por onde quer que vão sempre andam rugindo, e os que as ouvem têm cuidado de se guardarem delas. Além destas há outras muitas na terra, doutras castas diversas (que aqui não refiro por escusar prolixidade), as quais pela maior parte são tão nocivas e peçonhentas (especialmente umas a que chamam jararacas[28]) que se acertam de morder alguma pessoa de maravilha escapa, e o mais que dura são vinte e quatro horas.

Também há lagartos mui grandes[29] pelas lagoas e rios de água doce, cujos testículos cheiram melhor que

27. Guizo, chocalho. No *Tratado da província*, Gândavo registra o nome tupi: *boiteninga*, corretamente *boicininga*, que significa cobra retinante, ressonante. A palavra portuguesa que designa chocalho terminou por passar a denominar essa espécie de cobra. Cascavel é nome genérico para vinte e quatro espécies de cobras venenosas que possuem chocalhos na cauda, todas do gênero *Crotalus*, sendo a mais freqüente a *Crotalus terrificus*.

28. "Geraracas" no texto original. O pe. José de Anchieta foi o primeiro a descrever o animal, em 1560, registrando o nome tupi, *jararaca*, que significa "que envenena quem agarra". Por jararacas se designam genericamente as trinta e uma espécies do gênero *Botrops*. Entre elas, a mais comum é a *Botrops jararaca*.

29. Provavelmente, os jacarés. Gabriel Soares de Sousa e pe. Fernão Cardim os descrevem como "lagartos", mas indicam a designação tupi *jacaré*, registrada pela primeira vez pelo pe. José de Anchieta. Cardim também se refere aos testículos do animal: "Esses lagartos são de notável grandura, e alguns há tão grandes como cães ... . A carne destes cheira muito, maxime os testículos, que parecem almíscre, e são de estima: o esterco tem algumas virtudes, em especial é bom para belidas [manchas oculares]."

almíscar, e a qualquer roupa que os chegam fica o cheiro pegado por muito dias.

Há nesta província outros muitos animais e bichos venenosos de que não trato, os quais são tantos, em tanta abundância, que seria história mui comprida nomeá-los aqui todos, e tratar particularmente da natureza de cada um, havendo (como digo) infinidade deles nestas partes; onde, pela disposição da terra e dos climas que a senhoreiam, não pode deixar de os haver. Porque como os ventos que procedem da terra se tornam infeccionados das podridões das ervas, matos e alagadiços, geram-se com a influência do sol, que nisto concorre, muitos e mui peçonhentos animais, que por toda a terra estão esparzidos, e a essa causa se criam e acham nas partes marítimas e pelo sertão adentro infinitos, da maneira que digo.

Capítulo 7

Das aves que há nesta província

Entre todas as coisas de que na presente história se pode fazer menção, a que mais aprazível e formosa se oferece à vista humana é a grande variedade das finas e alegres cores das muitas aves que nesta província se criam, as quais, por serem tão diversas em tanta quantidade, não tratarei senão somente daquelas de que se pode notar alguma coisa, e que na terra são mais estimadas pelos portugueses e índios que habitam estas partes.

Há nesta província muitas aves de rapina mui formosas e de várias castas, convém a saber, águias, açores e gaviões, e outras doutros gêneros diversos e cores diferentes, que também têm a mesma propriedade. As águias[1] são mui grandes e forçosas, e assim arremetem com tanta

1. Segundo Gabriel Soares de Sousa, as águias eram chamadas de *caburé-açu* pelos índios. A águia, ou gavião-real ou gavião-de-penacho (*Harpia harpya*), é a ave de

fúria a qualquer outra ave ou animal que querem prear,[2] que às vezes acontece virem algumas tão desatinadas seguindo a presa, que marram[3] nas casas dos moradores e ali caem à vista da gente sem mais se poderem levantar. Os índios da terra as costumam tomar em seus ninhos quando são pequenas e criam-nas em umas sorças[4] para depois de grandes se aproveitarem das penas em suas costumeiras galantarias. Os açores[5] são como os de cá, ainda que há um certo gênero deles que tem os pés todos velosos[6] e tão cobertos de penas que escassamente se lhes enxergam as unhas. Estes são muito ligeiros e de maravilha lhes escapa ave ou qualquer outra caça a que arremetam. Os gaviões também são mui destros e forçosos, especialmente uns pequenos como esmerilhões, que arremetem contra uma perdiz e a levam

rapina mais forte do mundo; tem mais de um metro de altura e dois de envergadura, distribuindo-se do México até a Argentina. O nome tupi mais usual é *uiraçu*.

2. Prender, pegar.
3. Bater com a cabeça, topar de frente.
4. Viveiros.
5. Gaviões pequenos.
6. Felpudo, que tem lanugem.

nas unhas para onde querem. E, juntamente, são tão atrevidos que muitas vezes acontece atacarem qualquer ave e apanhá-la dentre a gente sem quererem se retirar, nem largá-la, por mais que os espantem. As outras aves que na terra se comem, e de que os moradores se aproveitam, são as seguintes.

Há um certo gênero delas, a que chamam macucaguás,[7] que são pretas e maiores que galinhas, as quais têm três ordens de titelas,[8] são mui gordas e tenras, e assim os moradores as têm em muita estima, porque são elas muito saborosas e mais que outras que entre nós se comem.

Também há outras, quase tamanhas como estas, a que chamam jacus[9] e nós lhe chamamos galinhas-do-mato. São pardas e pretas, e têm um círculo branco na cabeça e o pescoço vermelho. Matam-se na terra muitas delas e são mui saborosas e das melhores que há no

7. Macucaguá ou macucauá, no original "macucagoá": ave da família dos Tinamídeos, macuco (*Tinamus solitarius*). Gândavo é o primeiro a registrar esse pássaro.

8. Peito de ave.

9. Jacus são aves do gênero *Penelope* ou *Pipile*. Gândavo é o primeiro a descrever a ave.

mato. Há também na terra muitas perdizes, pombas e rolas como as deste reino, e muitos patos e adens[10] bravas pelas lagoas e rios desta costa, e outras muitas aves de diferentes castas que não são menos saborosas e sadias que as melhores que cá entre nós se comem e se têm em mais estima.

Papagaios[11] há nestas partes muitos de diversas castas e mui formosos, como cá se vêem alguns por experiência. Os melhores de todos, e que mais raramente se acham na terra, são uns grandes, maiores que açores, a que chamam anapurus.[12] Esses papagaios são variados de muitas cores e criam-se muito longe pelo sertão adentro, e depois que os tomam vêm a ser tão domésticos, que põem ovos em casa e acomodam-se

10. Espécie de patos selvagens encontrados na Ásia e na Europa.

11. Nos primeiros mapas a representar o Brasil, o país vem designado como *Terra papagalis*, tal a difusão da ave, que encantou os europeus. Numa carta de 1501, Giovanni Matteo Crético, diplomata de Veneza em Lisboa, manda ao doge notícias do descobrimento feito pela armada de Cabral: "Descobriram uma terra nova a que chamam Papagá por aí haverem exemplares de braço e meio de comprimento, de várias cores, deles vimos dois."

12. Gândavo é o primeiro a registrar essa ave, extremamente valorizada pelos primeiros habitantes do Brasil. Descrito por outros cronistas do século XVI, esse papagaio multicolorido nunca foi identificado.

mais à conversação da gente que outra qualquer ave que haja, por mais doméstica e mansa que seja. E por isso são tidos na terra em tanta estima, que vale cada um entre os índios dois ou três escravos; e assim os portugueses que os alcançam os têm na mesma estima, porque são eles, além disso, muito belos e vestidos de cores mui alegres e tão finas, que excedem na formosura a quantas aves há nestas partes. Há outros, quase do tamanho destes, a que chamam canindés[13] e que são todos azuis, salvo nas asas, que têm algumas penas amarelas. Também são muito formosos e estimados em grande preço por toda pessoa que os alcança. Também se acham outros do mesmo tamanho pelo sertão adentro, a que chamam araras,[14] as quais são vermelhas, semeadas de algumas penas amarelas, e têm as asas azuis e um rabo muito comprido e formoso. Os outros menores, que mais facilmente e melhor que todos falam, são aqueles a que na terra comumente chamam papagaios verdadeiros.

13. Novamente, Gândavo é o primeiro a dar notícia dessa ave, a *Ara araucana*.

14. Gândavo é o primeiro descrever as araras, que são psitacídeos dos gêneros *Anodorhyncus*, *Ara* ou *Cyanopsita*. A ave descrita parece ser uma *Ara macaw*.

Os quais os índios trazem do sertão a vender aos portugueses a troco de resgates. Esses são mais ou menos do tamanho de pombas, verde-claros, e têm a cabeça quase toda amarela e os encontros das asas vermelhos. Outro gênero deles há pela costa entre os portugueses, e do tamanho destes, a que chamam curicas,[15] os quais são vestidos de uma pena verde-escura e têm a cabeça azul cor de rosmaninho. Desses papagaios há na terra mais quantidade do que cá entre nós há de gralhas ou de estorninhos, e não são tão estimados como os outros, porque gazeiam[16] muito, e além disso falam dificultosamente e à custa de muita indústria.[17] Mas quando vêm a falar, passam pelos outros e fazem-lhes muita vantagem. E por isso os índios da terra costumam depenar alguns enquanto são novos e tingi-los com o sangue de certas rãs, com outras misturas que lhe ajuntam, e depois que se tornam a cobrir de pena ficam nem mais nem menos

15. A primeira menção a essa ave, papagaio pequeno da família *Psittacidae*, foi feita por Gândavo. *Curica*, em tupi, quer dizer rouco.

16. Chilrear, gorjear.

17. Não deixa de ser interessante notar que Gândavo escreve sobre uma época em que havia tempo de sobra para ensinar papagaio a falar.

da cor dos verdadeiros, e assim acontece muitas vezes enganarem com eles a algumas pessoas vendendo-os por tais. Há também uns pequenos, que vêm do sertão, pouco maiores que pardais, a que chamam tuins,[18] aos quais vestiu a natureza de uma pena verde muito fina sem outra nenhuma mistura; têm o bico e as pernas brancas e um rabo muito comprido. Estes também falam e são muito formosos e aprazíveis em extremo. Outros há pela costa, tamanhos como melros, a que chamam maracanãs,[19] os quais têm a cabeça grande e um bico muito grosso; também são verdes e falam como os outros.

Algumas aves notáveis há também nestas partes, fora estas que tenho referido, de que também farei menção, e em especial tratarei logo de umas marítimas a que chamam guarás,[20] as quais serão mais ou menos do tamanho de gaivotas. A primeira pena de que a natureza as veste é branca sem nenhuma mistura, e mui fina

18. Espécie de periquito. Trata-se do primeiro registro dessa ave.

19. No texto original "maracanaos". Gândavo é o primeiro a mencionar a ave.

20. No original "goarás" (*Eudocinus ruber*), ave da família dos Tresquiornitídeos. Gândavo é o primeiro a dar notícia dessa ave.

em extremo. E por espaço de dois anos mais ou menos a mudam, e torna-lhes a nascer outra parda, também muito fina, sem outra nenhuma mistura. E pelo mesmo tempo adiante a tornam a mudar e ficam vestidas de uma muito preta, distinta de toda outra cor. Depois, daí a certo tempo, a mudam e tornam-se a cobrir doutra mui vermelha, tanto como o mais fino e puro carmesim que no mundo se pode ver; e nesta acabam seus dias.[21]

Umas certas aves se acham também na capitania de Pernambuco, pela terra adentro, maiores duas vezes que os galos do Peru,[22] as quais são pardas e têm na cabeça, acima do bico, um esporão muito agudo como corno, variado de branco e pardo escuro, quase do comprimento de um palmo, e três semelhantes a este em cada asa, algum tanto menores, convém a saber, uns nos encontros, outros nas juntas do meio e outros nas

21. O pe. Fernão Cardim dá uma versão um pouco diferente desse processo de transformação – copiada, aliás, pelos que em seguida trataram dessa ave. Segundo Cardim, o guará nasce preto, torna-se pardo, quando começa a voar é branco, depois fica vermelho-claro e em seguida vermelho.

22. Os galos do Peru (*Meleagris gallopavo*) são hoje conhecidos genericamente por perus.

pontas das asas. Essas aves têm o bico como de águia e os pés grossos e muito compridos. Nos joelhos têm uns calos tamanhos como grandes punhos. Quando pelejam com outras aves, viram-se de costas e assim se ajudam de todas essas armas que a natureza lhes deu para sua defesa.[23]

Outras aves há também nestas partes cujo nome a todos cá é notório, as quais ainda que tenham mais ofício de animais terrestres que de aves, pela razão que logo direi, todavia por serem realmente aves de que se pode escrever, e terem a mesma semelhança, não deixarei de fazer menção delas como de cada uma das outras. Chamam-se emas,[24] as quais terão tanta carne como um grande carneiro, e têm as pernas tão grandes, que são quase até os encontros das asas da altura de um homem. O pescoço é mui comprido em extremo, e têm

23. Esse pássaro pode ser o *anhima*, ou *anhuma* ou *inhuma* (*Anhima cornuta*), descrito pelo pe. Fernão Cardim: "Esse pássaro é de rapina, grande, dá brados que se ouvem a meia légua, ou mais; é todo preto, os olhos tem formosos, e o bico maior que de galo, e sobre esse bico tem um cornito do comprimento de um palmo."

24. Palavra de origem árabe ou oriental, talvez das Molucas. O nome tupi para a ave é *nandou* (*nandu*, *nhandu*), cujo nome científico é *Rhea americana*.

a cabeça nem mais nem menos como de pata; são pardas, brancas, pretas, e variadas pelo corpo de umas penas mui formosas que cá entre nós costumam servir nas gorras[25] e chapéus de pessoas galantes e que professam a arte militar. Essas aves pascem ervas como qualquer outro animal do campo, nunca se levantam da terra nem voam como as outras, somente abrem as asas e com elas vão ferindo o ar ao longo da terra, e assim nunca andam senão em campinas onde se achem desimpedidas de matos e arvoredos, para justamente poderem correr e voar da maneira que digo.

Doutras infinitas aves que há nestas partes, a que a natureza vestiu de muitas e mui finas cores, pudera aqui também fazer menção, mas como meu intento principal não foi na presente história senão ser breve e fugir de coisas em que pudesse ser notado de prolixo dos poucos curiosos (como já tenho dito), quis somente particularizar estas mais notáveis e passar com silêncio por todas as outras de que se deve fazer menos caso.

25. Barrete, espécie de chapéu.

Capítulo 8

De alguns peixes notáveis, baleias e âmbar que há nestas partes

Tão grande é a cópia do saboroso e sadio pescado que se mata, tanto no alto-mar como nos rios e baías desta província, de que se beneficiam os moradores em todas as capitanias, que esta só fertilidade bastara a sustentá-los abundantissimamente, ainda que não houvera carnes nem outro gênero de caça na terra de que se proveram como atrás fica declarado. E deixando à parte a muita variedade daqueles peixes que comumente não diferem na semelhança dos de cá, tratarei logo em especial de um certo gênero deles que há nestas partes a que chamam peixes-boi,[1] os quais são tão grandes que

1. Os peixes-boi são mamíferos sirênios da família *Trichechidae*, com duas espécies nativas do Brasil: o *Trichchus inungis*, de água doce, exclusivo da Amazônia, e o *Trichechus manatus*, marinho, muito abundante nas costas do Nordeste brasileiro no início da colonização. Gândavo, no *Tratado da província*, quando descreve as

os maiores pesam quarenta, cinqüenta arrobas.[2] Têm o focinho como de boi e dois cotos com que nadam à maneira de braços. As fêmeas têm duas tetas com o leite das quais se criam os filhos. O rabo é largo, rombo e não muito comprido. Não têm feição alguma de nenhum peixe, somente na pele quer-se parecer com toninha.[3] Esses peixes pela maior parte se acham em alguns rios ou baías destas costas, principalmente são mais certos onde algum ribeiro ou regato se mete na água salgada, porque botam o focinho para fora e pascem as ervas que se criam em semelhantes partes, e também comem as folhas de umas árvore a que chamam mangues,[4] de

capitanias, sempre dá ênfase às regiões onde se encontra maior incidência do animal, o que é apontado como um índice positivo para a ocupação e o bem viver na nova terra. Todos os cronistas do Brasil elogiam o sabor da carne do peixe-boi; o gosto era tão parecido com o de carne de vaca que Cardim registra: "já houve escrúpulos por se comer em dias de peixe". Escrúpulo que não deixa de ter fundamento, já que o animal é mamífero.

2. Uma arroba equivale a 15 quilos. Os peixes-boi podem medir até 4 metros, chegando a pesar 500 quilos.

3. Designação comum aos mamíferos cetáceos da família dos Focenídeos; porco-marinho, boto, golfinho. Gândavo, nessa comparação, quer dizer que os peixes-boi têm a pele lisa, sem escamas.

4. Designação comum a diversos tipos de árvores nativas de áreas alagadas pelas marés.

que há grande quantidade ao longo dos mesmos rios. Os moradores da terra os matam com arpões e também costumam tomar alguns em pesqueiras, porque eles vêm dar aos tais lugares com a enchente da maré, e com a vazante se tornam a ir para o mar donde vieram. Esse peixe é muito gostoso em grande maneira e totalmente parece carne, tanto na semelhança como no sabor, e assado não tem nenhuma diferença de lombo de porco. Também se coze com couves e guisa-se como carne, e assim não há pessoa que o coma que o julgue por peixe, salvo se o conhecer primeiro.

Outros peixes há a que chamam camurupins,[5] que são quase tamanhos como atuns. Estes têm umas escamas mui duras e maiores que os outros peixes, também se matam com arpões e, quando querem pescá-los, põem-se em alguma ponta ou pedra, ou em outro qualquer posto acomodado a essa pescaria. E o

5. Gândavo é o primeiro a descrever o camurupim, no original "camboropim" (*Megalops atlanticus*). O peixe é encontrado dos Estados Unidos até o Brasil, e também nas costas africanas e do Atlântico europeu. Importantes populações de camurupins foram localizadas nos Açores e em Portugal, o que leva a crer que os portugueses não estavam habituados à sua captura, pois Gândavo não conhecia a espécie.

que é bom pescador (para que não faça tiro em vão) quando os vê vir deixa-os primeiro passar e espera até que fiquem de jeito que possa arpoá-los por detrás de maneira que o arpão entre no peixe sem as escamas o impedirem, porque são (como digo) tão duras que se acerta de dar nelas de maravilha as podem penetrar. Este é um dos melhores peixes que há nestas partes, porque além de ser muito gostoso, é também muito sadio e mais enxuto de sua propriedade que outro algum que na terra se coma.

Também há outra casta deles a que chamam tamboatás,[6] que são mais ou menos do tamanho de sardinhas, e não se criam senão em água doce. Esses peixes são todos cobertos de umas conchas, distintas naturalmente como lâminas, com as quais andam armados à maneira dos tatus de que atrás fiz menção, e são muito saborosos, e os moradores da terra os têm em muita estima.

6. Gândavo é também o primeiro a descrever os tamboatás (*Collichthys collychthys*), no original "tamuatás", peixes *Loricarideos*, de água doce, todos cobertos de placas ósseas duras.

Há também um certo gênero de peixes pequeninos, da feição de xarrocos, a que chamam baiacus,[7] os quais são mui peçonhentos em extremo, especialmente a pele o é tanto, que se uma pessoa provar um bocado só dela, logo naquela mesma hora dará fim a sua vida; porque não há, nem se sabe nenhum remédio na terra, que possa apagar nem deter por algum espaço o ímpeto desse mortífero veneno. Alguns índios da terra se aventuram a comê-los depois que lhes tiram a pele e lhes lançam fora toda aquela parte onde dizem que tem a força da peçonha. Mas sem embargo disso, não deixam de morrer algumas vezes. Esses peixes logo que saem fora da água incham de maneira que parecem uma bexiga cheia de vento e, além de terem essa qualidade, são tão mansos que os podem tomar às mãos sem nenhum trabalho; e muitas vezes andam à borda da água tão quietos que não os verá pessoa que se não convide a tomá-los, e ainda a comê-los se não tiver conhecimento deles. Outros peixes não

7. No original "mayacu", nome genérico para várias espécies de peixes teleósteos, que têm o corpo coberto de placas. Gândavo é o primeiro a descrevê-los.

sinto nestas partes de que possa fazer aqui particular menção, porque em todos os demais não há (como digo) muita diferença dos de cá, e a maior parte deles são da mesma casta, mas muito mais saborosos e tão sadios que não se vedam nem fazem mal aos doentes e para quaisquer enfermidades são muito leves, e de toda maneira que os comam não ofendem a saúde.

Não me pareceu também coisa fora de propósito tratar aqui alguma coisa das baleias e do âmbar,[8] que dizem que procede delas. E o que acerca disto sei é que há muitas nestas partes, as quais costumam vir de arribação a esta costa, em uns tempos mais que outros, que são aqueles em que assinaladamente sai o âmbar que o mar de si lança fora em diversas partes desta província. E daqui vem a muitos terem para si que não é outra coisa esse âmbar senão esterco de baleias, e assim lho chamam os índios da terra pela

8. Havia polêmica entre os escritores quinhentistas a respeito da origem do âmbar. O médico português Garcia de Orta, radicado em Goa, escreve em 1563: "Disseram ser esperma de baleia, outros ser esterco de animal do mar ou escuma dele, outros que manava do fundo do mar", terminando por concordar com Avicena que sustenta ser o âmbar gerado no mar "como fungos e penedos e árvores".

sua língua,[9] sem lhe saberem dar outro nome. Outros querem dizer que é sem nenhuma dúvida o esperma da mesma baleia, mas o que se tem por certo (deixando estas e outras erradas opiniões à parte) é que nasce esse licor no fundo do mar, não igualmente em todo, mas em algumas partes dele que a natureza acha dispostas para o criar. E como o tal licor seja manjar das baleias, afirma-se que comem tanto dele até se embebedarem, e que este que sai nas praias é o sobejo que elas arrevessam.[10] E se isto assim não fosse dessa maneira, e ele procedesse das mesmas baleias por qualquer das outras vias que acima fica dito, é de crer que também o haveria da mesma maneira em qualquer outra costa destes reinos, pois em toda parte do mar são comuns. Quanto mais que nesta província de que trato se fez já experiência em muitas delas que saíram à costa e dentro das tripas de algumas acharam muito âmbar, cuja virtude[11] iam já digerindo,

9. Segundo Rodolfo Garcia, e expressão tupi seria *Pira-oçu repory*. Gândavo trata aqui do âmbar-gris, substância branca, amarela ou negra, de odor almiscarado e consistência de cera, formada no intestino de algumas baleias, sobretudo dos cachalotes.

10. Gândavo escreve "arrebesam": vomitam, lançam fora pela boca.

11. Propriedade, eficácia.

por haver algum tempo que o tinham comido. E noutras lhes acharam no bucho outro ainda fresco e em sua perfeição, que parecia que o tinham acabado de comer naquela hora, antes de morrer. Pois o esterco, naquela parte onde a natureza o despede, não tem nenhuma semelhança de âmbar, nem se enxerga nele ser menos digerido que o dos outros animais. Por onde se mostra claro que a primeira opinião não fica verdadeira, nem a segunda tampouco o pode ser, porque o esperma dessas baleias é aquilo a que chamam balso, de que há por este mar grande quantidade, o qual dizem que se aproveita para feridas e por tal é conhecido por toda pessoa que navega.

Esse âmbar todo, quando logo sai, vem solto como sabão e quase sem nenhum cheiro, mas daí a poucos dias endurece e depois disso fica tão odorífero como todos sabemos. Há todavia âmbar de duas castas, a saber, um pardo a que chamam gris e outro preto: o pardo é mui fino e estimado em grande preço em todas as partes do mundo, o preto é mais baixo nos quilates do cheiro e presta para muito pouco segundo o que dele se tem alcançado; mas de um e de outro há saído muito nesta província, e sai hoje em dia, de que alguns moradores enriqueceram e enriquecem a cada hora, como é notório. Finalmente, que como Deus tenha de há muito esta terra dedicada à cristandade, e o interesse seja o que mais leva os homens trás si que qualquer outra coisa que haja na vida, parece manifesto querer entretê-los na terra com esta riqueza do mar, até chegarem a descobrir aquelas grandes minas que a mesma terra promete, para que assim tragam ainda toda aquela cega e bárbara gente que habita nestas partes ao lume e conhecimento de nossa Santa Fé católica, que será descobrir-lhe outras minas maiores no céu, o qual Nosso Senhor permita que assim seja, para glória sua e salvação de tantas almas.

Capítulo 9

Do monstro marinho que se matou na capitania de São Vicente no ano de 1564

Foi coisa tão nova e tão desusada aos olhos humanos a semelhança daquele fero e espantoso monstro marinho que nesta província se matou no ano de 1564, que ainda que por muitas partes do mundo se tenha já notícia dele,[1] não deixarei todavia de a dar aqui outra vez de novo, relatando por extenso tudo o que acerca disto passou. Porque na verdade a maior parte dos retratos, ou quase todos, em que querem mostrar a semelhança de seu horrendo aspecto andam errados, e além disso conta-se o sucesso de sua morte por diferentes maneiras, sendo a verdade uma só, a qual é a seguinte.

1. O monstro morto na capitania de São Vicente deve ter gozado de certa popularidade na Europa e, antes de Gândavo publicar seu livro, já havia sido divulgado na Alemanha e na Itália, em gravuras acompanhadas de notas explicativas sobre sua aparição na cidade de Santos. *Newe Zeytung von Einen Seltzamen Meerwunder*, impresso em

Na capitania de São Vicente, sendo já alta noite, a horas em que todos começavam a se entregar ao sono, acertou de sair fora de casa uma índia escrava do capitão, a qual, lançando os olhos a uma várzea que está pegada ao mar e com a povoação da capitania, viu andar nela este monstro, movendo-se de uma parte para outra, com passos e meneios desusados, e dando alguns urros de quando em quando, tão feios, que, como pasmada e quase fora de si, a índia se veio ao filho do capitão, cujo nome era Baltazar Ferreira, e lhe deu conta do que vira, parecendo-lhe que era alguma visão diabólica. Mas como ele fosse homem não menos sisudo[2] que esforçado, e esta gente da terra seja digna de pouco crédito, não lho deu logo muito a suas palavras, e deixando-se estar na cama, a tornou outra vez a mandar fora, dizendo-

Frankfurt, sem nome de autor ou data, e *Nel Bresil di San Vicenzo nella Citta di Santos*, impresso em Veneza, em 1565, por Nicolo Nelli, representam o monstro de maneira quase idêntica e o descrevem de forma bastante fantástica, ao contrário de Gândavo. No texto que acompanha a gravura italiana, registra-se que o monstro media 17 pés, tinha cor verde e pastosa "como veludo mole", as pernas e os pés amarelos, "o membro de carne humana", e os olhos e a língua como fogo. Gândavo, neste capítulo, dedica-se a refutar as informações contidas nessas gravuras e em outras que porventura circulavam na época.

2. Sensato, sério, prudente, que tem siso.

lhe que se afirmasse bem no que era. E obedecendo a índia a seu mandado, lá foi, e voltou mais espantada, afirmando-lhe e repetindo-lhe, uma vez e outra, que andava ali uma coisa tão feia que não podia ser senão o demônio. Então se levantou ele mui depressa e lançou mão a uma espada que tinha junto de si, com a qual saiu somente em camisa pela porta afora, tendo para si (quando muito) que seria algum tigre ou outro conhecido animal da terra, com a vista do qual se desenganasse do que a índia lhe queria persuadir. E pondo os olhos naquela parte que ela lhe assinalou, viu confusamente o vulto do monstro ao longo da praia, sem poder divisar o que era, por causa de a noite lho impedir, e o monstro também ser coisa não vista e fora do parecer de todos os outros animais. E chegando-se um pouco mais a ele para que melhor se pudesse ajudar da vista, foi ouvido pelo monstro, o qual, em levantando a cabeça, logo que o viu começou a caminhar para o mar de onde viera. Nisto conheceu o mancebo que era aquilo coisa do mar e, antes que nele se metesse, acudiu com muita presteza a tomar-lhe a dianteira. E vendo o monstro que ele lhe embargava o caminho, levantou-se direito para cima como um homem, fincado sobre as barbatanas do rabo. E estando assim o mancebo a par com ele, deu-lhe uma estocada pela barriga e, dando-lha, no mesmo instante se desviou para uma parte com tanta velocidade que não pôde o monstro levá-lo debaixo de si; porém não pouco afrontado, porque o grande torno[3] de sangue que saiu da ferida lhe deu no rosto com tanta força que quase ficou sem nenhuma vista. E logo que o monstro se lançou em terra, deixou o caminho que levava, e assim ferido e urrando com a boca aberta sem nenhum medo, arremeteu a ele, e indo para o tragar a unhas e dentes, deu-lhe o mancebo uma cutilada mui grande na cabeça, com a qual ficou já mui débil, e deixando sua vã porfia, tornou então a caminhar outra vez para o mar. Nesse tempo acudiram alguns escravos aos gritos da índia que estava em vela;[4] e chegando a ele o tomaram já quase morto, e dali o levaram à povoação, onde esteve o dia seguinte à vista de toda a gente da terra. E com esse mancebo se haver mostrado nesse

3. Jorro, jato.

4. Em vigília.

caso tão animoso como se mostrou e ser tido na terra por muito esforçado, saiu todavia dessa batalha tão sem alento, e com a visão desse medonho animal ficou tão perturbado e suspenso que, perguntando-lhe o pai o que era o que lhe havia sucedido, não lhe pode responder, e assim esteve como assombrado, sem falar coisa alguma, por um grande tempo. O retrato desse monstro é este que no fim do presente capítulo se mostra, tirado pelo natural. Tinha quinze palmos de comprido e semeado de cabelos pelo corpo, e no focinho tinha umas sedas mui grandes como bigodes. Os índios da terra lhe chamam em sua língua ipupiara,[5] que quer dizer demônio

5. Falam dos homens marinhos, ou "ipupiaras", o pe. José de Anchieta, Gândavo, Fernão Cardim, Gabriel Soares de Sousa, pe. Francisco Soares e Manuel Bernardes. *Ipupiara* quer dizer "coisa má que anda n'água". Esses monstros descritos pelos cronistas quinhentistas, "bastante comuns" na costa brasileira daquela época, talvez possam ser identificados ao leão-marinho, que é bípede e carnívoro. O pe. Fernão Cardim, contemporâneo de Gândavo, faz um relato que demonstra como esses seres eram temidos, tanto pelos índios quanto pelos portugueses: "Parecem-se com homens propriamente de boa estatura, mas têm os olhos muito encovados. As fêmeas parecem mulheres, têm cabelos compridos e são formosas; acham-se esses monstros nas barras dos rios doces. ... O modo que têm em matar é: abraçam-se com a pessoa tão fortemente, beijando-a e apertando-a consigo, que a deixam feita toda em pedaços, ficando inteira, e como a sentem morta dão alguns gemidos como de sentimento, e largando-a fogem; e se levam alguns comem-lhes somente os olhos, narizes e pontas

d'água. Alguns como este se viram já nestas partes, mas acham-se raramente. E assim também deve de haver outros muitos monstros de diversos pareceres que no abismo desse largo e espantoso mar se escondem, de não menos estranheza e admiração; e tudo se pode crer, por difícil que pareça: porque os segredos da natureza não foram revelados todos ao homem para que com razão possa negar e ter por impossíveis as coisas que não viu, nem de que nunca teve notícia.

dos dedos dos pés e mão, e as genitálias, e assim os acham de ordinário pelas praias com essas cousas menos." Também o pe. Francisco Soares descreve as fêmeas como sereias: "Estando eu há pouco tempo na Bahia, [os ipupiaras] mataram seis pessoas, na era de 82 mataram um português dentro de uma canoa, os índios temem-nos muito e quando os vêem ficam assombrados e logo adoecem de imaginação, dizem que as mulheres têm cabelos para cima da cintura, e para baixo são como peixe."

Capítulo 10

Do gentio que há nesta província, da condição e costumes dele, e de como se governam na paz

Já que tratamos da terra e das coisas que nela foram criadas para o homem, razão me parece que demos aqui notícia dos naturais dela, a qual, posto que não seja de todos em geral, será especialmente daqueles que habitam pela costa e, em parte, dos que estão pelo sertão adentro muitas léguas, com quem temos comunicação. Os quais ainda que estejam divisos, e haja entre eles diversos nomes de nações, todavia na semelhança, condição, costumes e ritos gentílicos todos são um. E se de alguma maneira diferem nesta parte, é tão pouco que se não pode fazer caso disso, nem particularizar coisas semelhantes entre outras mais notáveis que todos geralmente seguem, como logo adiante direi.

Esses índios são de cor baça e cabelo corredio; têm o rosto amassado e algumas feições dele à maneira de chins.[1] Pela maior parte são bem-dispostos, rijos e de boa estatura; gente muito esforçada e que estima pouco morrer, temerária na guerra e de muito pouca consideração. São desagradecidos em grã maneira, e mui desumanos e cruéis, inclinados a pelejar e vingativos em extremo. Vivem todos mui descansados sem terem outros pensamentos senão comer, beber e matar gente, e por isso engordam muito, mas com qualquer desgosto tornam a emagrecer. E muitas vezes, pode neles tanto a imaginação, que se algum deseja a morte, ou alguém lhes mete na cabeça que há de morrer tal dia ou tal noite, não passa daquele termo que não morra. São mui inconstantes e mudáveis; crêem de ligeiro tudo aquilo que lhes persuadem, por dificultoso e impossível que seja, e com qualquer dissuasão facilmente o tornam logo a negar. São mui desonestos e dados à sensualidade, e assim se entregam aos vícios como se neles não houvera razão de homens, ainda que todavia em

1. Gândavo é o único cronista português a comparar os índios brasileiros aos chineses, talvez por ter entrado em contato com orientais em sua possível estadia na Índia. Não deixa de ser curioso o fato de ele sugerir uma origem oriental, hoje comprovada: os índios brasileiros descendem de populações asiáticas.

seu ajuntamento os machos com as fêmeas têm o devido resguardo, e nisto mostram ter alguma vergonha.

A língua de que usam, por toda a costa, é uma,[2] ainda que em certos vocábulos difere em algumas partes, mas não de maneira que se deixem uns aos outros de entender; e isto até a altura de vinte e sete graus, que daí por diante há outra gentilidade de que nós não temos tanta notícia, que fala já outra língua diferente. Esta de que trato, que é geral pela costa, é mui branda e a qualquer nação fácil de tomar. Alguns vocábulos há nela de que não usam senão as fêmeas, e outros que não servem senão para os machos. Carece de três letras, convém a saber, não se acha nela F, nem L, nem R, coisa digna de espanto, porque assim não tem Fé, nem Lei, nem Rei,[3] e dessa maneira vivem

2. No capítulo 12, quando trata da língua dos aimorés, uma das poucas tribos não-tupis a habitar no litoral, o próprio Gândavo irá indicar a inexatidão da informação aqui registrada. Havia uma extensa variedade de línguas e dialetos falados pelos índios brasileiros. Gândavo está se referindo, nesse trecho, somente aos povos Tupi, que então dominavam as terras litorâneas.

3. Gândavo é o primeiro cronista a notar que a língua tupi não tinha as letras F, L e R. A partir dessa observação cunha a expressão "sem Fé, nem Lei, nem Rei", que gozará de grande repercussão entre os escritores da época, e será usada, entre outros, por Gabriel Soares de Sousa: "Falta-lhes três letras das do ABC, que são F L R grande ou dobrado, coisa muito para notar, porque se não têm F, é porque não têm fé em nenhuma coisa que adorem nem os nascidos entre os cristãos e doutrinados pelos padres da Companhia

desordenadamente, sem terem além disto conta, nem peso, nem medida. Não adoram a coisa alguma, nem têm para si que há depois da morte glória para os bons e pena para os maus. E o que sentem da imortalidade da alma não é mais que terem para si que seus defuntos andam na outra vida feridos, despedaçados ou de qualquer maneira que acabaram nesta. E quando algum morre, costumam enterrá-lo em uma cova assentado sobre os pés, com sua rede às costas que em vida lhe servia de cama. E logo pelos primeiros dias põem-lhe seus parentes de comer em cima da cova e também alguns

...; e se não têm L na sua pronunciação é porque não têm lei nenhuma ...; e se não têm essa letra R na sua pronunciação é porque não têm rei que os reja e a quem obedeçam ... e cada um vive ao som da sua vontade; para dizerem Francisco, dizem Pancico e para dizerem Lourenço dizem Rorenço, para dizerem Rodrigo dizem Rorigo e por esse modo permaneciam todos os vocábulos tiradas essas três letras." O pe. Manuel da Nóbrega faz observação semelhante à de Gândavo a respeito da ausência de crenças entre os índios, mas registra uma exceção: "Essa gentilidade a nenhuma coisa adora, nem conhecem a Deus, somente aos trovões chamam Tupã, que é como quem diz coisa divina." A aparente ausência de leis, crenças e chefes havia maravilhado outros viajantes, como Américo Vespúcio, cuja visão idealizada dos índios inspirou Thomas Morus a escrever a *Utopia*. Os europeus do século XVI, em seu etnocentrismo, não estavam culturalmente aparelhados para perceber que os povos indígenas se regulavam por um sistema religioso complexo e diversificado, e por sistemas de leis e regras. Bom exemplo da complexidade de suas "leis" é o canibalismo ritual das tribos tupi, cercado por elaboradas regras e cerimônias que regulamentavam suas várias etapas, desde a captura do inimigo até a divisão de seus membros e partes entre os indivíduos da tribo.

costumam deitar a comida dentro, quando o enterram, e totalmente acreditam que comem e dormem na rede que têm consigo na cova. Essa gente não tem entre si nenhum rei, nem outro gênero de justiça senão um principal em cada aldeia que é como capitão, ao qual obedecem por vontade e não por força. Quando este morre, fica seu filho no lugar por sucessão, e não serve para outra coisa senão ir com eles à guerra e aconselhá-los como se hão de haver na peleja; mas não castiga seus erros, nem manda sobre eles coisa alguma contra suas vontades. E assim a guerra que agora têm uns contra outros não se levantou na terra por serem diferentes em leis nem em costumes, nem por cobiça alguma de interesse, mas porque antigamente se algum acertava de matar outro, como ainda agora algumas vezes acontece (por serem vingativos e viverem, como digo, absolutamente sem terem superior algum a quem obedeçam nem temam), os parentes do morto se conjuravam contra o matador e sua geração, e se perseguiam com tão mortal ódio uns a outros, que daqui veio dividirem-se em diversos bandos, e ficarem inimigos da maneira que agora estão. E para que essas dissensões não fossem tanto adiante, determinaram impedir isto usando do remédio seguinte, para por essa via se poderem melhor conservar na paz e se fazerem mais fortes contra seus inimigos. E é que quando o tal caso acontece de um matar a outro, os próprios parentes do matador fazem justiça, e logo à vista de todos o afogam. E com isto os da parte do morto ficam satisfeitos, e uns e outros permanecem em suas amizades como dantes. Porém como essa lei seja voluntária e executada sem rigor, nem obrigação de justiça alguma, não querem alguns estar por ela, e nesse caso vêm logo a se dividirem e se levantarem de parte a parte uns contra os outros como já disse.

As povoações desses índios são aldeias, cada uma delas tem sete ou oito casas, as quais são mui compridas, feitas à maneira de cordoarias ou tarracenas,[4] fabricadas somente de madeira e cobertas com palma ou com outras semelhantes ervas do mato; estão todas cheias de gente de uma parte e doutra, e cada um por si tem sua estância e sua rede armada em que dorme, e assim estão uns juntos dos outros por ordem, e pelo meio da

4. Ou, como escreve Gabriel Soares de Sousa, "terracenas". Do latim medieval *terracea*, *terracium*: balcão amplo e descoberto, galeria descoberta, paiol.

casa fica um caminho aberto por onde todos se servem, como dormitório ou coxia de galé. Em cada casa dessas vivem todos muito conformes, sem haver nunca entre eles nenhuma diferença; antes são tão amigos uns dos outros que o que é de um é de todos, e sempre de qualquer coisa que um coma, por menor que seja, todos os circunstantes hão de participar dela.

Quando alguém os vai visitar a suas aldeias, depois que se assenta, costumam chegarem-se a ele algumas moças escabeladas, e recebem-no com grande pranto derramando muitas lágrimas, perguntando-lhe (se é seu natural) onde andou, que trabalhos foram os que passou depois que daí se foi; trazendo-lhe à memória muitos desastres que lhe poderiam acontecer, buscando enfim para isto as mais tristes e sentidas palavras que podem achar para provocarem o choro. E se é português, maldizem a pouca dita de seus defuntos, pois foram tão mal afortunados que não alcançaram ver gente tão valorosa e luzida como são os portugueses, de cuja terra todas as boas coisas lhes vêm, nomeando algumas que eles têm em muita estima. E esse recebimento que digo é tão usado entre eles, que nunca ou de maravilha deixam de o fazer; salvo quando reina alguma malícia contra os que os vão visitar e lhes querem fazer alguma traição.

As invenções e galantarias de que usam são trazerem alguns o beiço de baixo furado e uma pedra comprida metida no buraco. Outros há que trazem o rosto todo cheio de buracos e de pedras, e assim parecem mui feios e disformes; e isto lhes fazem enquanto são meninos. Também costumam todos arrancar a barba, e não consentem nenhum cabelo em parte alguma de seu corpo, salvo na cabeça, ainda que ao redor dela por baixo tudo arrancam. As fêmeas prezam-se muito de seus cabelos e trazem-nos mui compridos, limpos e penteados, e as mais delas enastrados.[5] E assim também machos como fêmeas costumam tingir-se algumas vezes com o sumo de um certo pomo que se chama jenipapo,[6] que é verde quando se pisa, e depois que o põem no corpo e se enxuga fica mui negro e por muito que se lave, não se tira senão aos nove dias.

5. Trançados.

6. O jenipapo (*Genipa americana*) é um fruto comestível de onde se extrai a tinta preta muito usada nas pinturas corporais indígenas.

As mulheres com quem costumam casar são suas sobrinhas, filhas de seus irmãos ou irmãs; estas têm por legítimas e verdadeiras mulheres, e não lhas podem negar seus pais, nem outra pessoa alguma pode casar com elas senão os tios. Não fazem nenhuma cerimônia em seus casamentos, nem usam de mais neste ato que de levar cada um sua mulher para si quando chega a uma certa idade por que esperam, que serão então de quatorze ou quinze anos mais ou menos. Alguns deles têm três, quatro mulheres, a primeira têm em muita estima e fazem dela mais caso que das outras. E isto pela maior parte se acha nos principais, que o têm por estado e por honra, e prezam-se muito de se diferençarem nisto dos outros.

Algumas índias há também entre eles que determinam de ser castas, as quais não conhecem homem algum de nenhuma qualidade, nem o consentiriam ainda que por isso as matassem. Estas deixam todo o exercício de mulheres e imitam os homens e seguem seus ofícios como se não fossem fêmeas. Trazem os cabelos cortados da mesma maneira que os machos e vão à guerra com seus arcos e flechas, e à caça, perseverando sempre na companhia dos homens, e cada uma tem mulher que a serve, com quem diz que é casada, e assim se comunicam e conversam como marido e mulher.

Todas as outras índias quando parem, a primeira coisa que fazem depois do parto, lavam-se todas em uma ribeira, e ficam tão bem-dispostas como se não tivessem parido, e o mesmo fazem à criança que parem. Em lugar delas, se deitam seus maridos nas redes, e assim os visitam e curam como se eles fossem as mesmas paridas. Isto nasce de elas terem em muita conta os pais de seus filhos e desejarem, em extremo, depois que parem deles, em tudo lhes comprazer.

Todos criam seus filhos viciosamente, sem nenhuma maneira de castigo, e mamam até a idade de sete ou oito anos, se as mães até então não acertam de parir outros que os tirem das vezes. Não há entre eles nenhuma boa arte a que se dêem, nem se ocupam noutro exercício senão em granjear com seus pais o que hão de comer, debaixo de cujo amparo estão agasalhados até que cada um por si seja capaz de buscar sua vida sem mais esperarem heranças deles, nem legítimas de que enriqueçam, somente lhes pagam com aquela criação em que a natureza foi universal a todos os outros animais que não participam de razão.

Mas a vida que buscam, e granjearia de que todos vivem, é a custa de pouco trabalho, e muito mais descansada que a nossa; porque não possuem nenhuma fazenda, nem procuram adquiri-la como os outros homens, e assim vivem livres de toda cobiça e desejo desordenado de riquezas, de que as outras nações não carecem; e tanto que ouro nem prata, nem pedras preciosas têm entre eles nenhuma valia, nem para seu uso têm necessidade de nenhuma coisa destas, nem de outras semelhantes. Todos andam nus e descalços, tanto machos como fêmeas, e não cobrem parte alguma de seu corpo. As camas em que dormem são umas redes de fio de algodão que as índias tecem num tear feito à sua arte; as quais têm nove a dez palmos de comprido, e apanham-nas com uns cordéis que lhes rematam nos cabos, em que lhes fazem umas aselhas[7] de cada banda, por onde as penduram de uma parte e doutra, e assim ficam dois palmos, mais ou menos, suspendidas do chão, de maneira que lhes possam fazer fogo debaixo para se aquentarem de noite ou quando lhes for necessário. Os

7. Diminutivo de asa; pequeno arco feito de fita ou fio na roupa para se prender ao botão ou ao colchete.

mantimentos que plantam em suas roças, com que se sustentam, são aqueles de que atrás fiz menção, a saber, mandioca e milho zaburro. Além disso, ajudam-se da carne de muitos animais que matam, tanto com flechas como por indústria de seus laços e fojos,[8] com que costumam caçar a maior parte deles. Também se sustentam do muito marisco e peixes que vão pescar pela costa em jangadas, que são uns três ou quatro paus pegados nos outros e juntos, de modo que ficam à maneira dos dedos de uma mão estendida, sobre os quais podem ir duas ou três pessoas, ou mais se forem mais os paus, porque são mui leves e suportam muito peso em cima da água. Têm quatorze ou quinze palmos de comprimento, e de grossura ocuparão mais ou menos dois. Desta maneira vivem todos esses índios sem mais terem outras fazendas entre si, nem granjearias em que se desvelem; nem tampouco estados nem opiniões de honra, nem pompas para que as hajam mister; porque todos (como digo) são iguais, e em tudo tão conformes nas condições, que ainda nesta parte vivem justamente e conforme à lei da natureza.

8. Armadilhas.

Capítulo II

Das guerras que têm uns com outros e a maneira como se hão nelas

Esses índios têm sempre grandes guerras uns contra os outros e assim nunca se acha neles paz, nem será possível (sendo vingativos e odiosos) vedarem-se entre eles estas discórdias por outra nenhuma via se não for por meio da doutrina cristã com que os padres da Companhia pouco a pouco os vão amansando como adiante direi. As armas com que pelejam são arcos e flechas, nas quais andam tão exercitados que de maravilha erram a coisa que apontem, por difícil que seja de acertar. E no despedir delas são mui ligeiros em extremo, e sobretudo mui arriscados nos perigos e atrevidos em grã maneira contra seus adversários. Quando vão à guerra sempre lhes parece que têm certa a vitória, e que nenhum de sua companhia há de morrer, e assim, em partindo, dizem "vamos matar", sem mais outro discurso nem consideração; e não cuidam que também podem ser vencidos. E somente com essa sede de vingança, sem esperanças de despojos, nem doutro algum interesse que a isso os mova, vão muitas vezes buscar seus inimigos mui longe, caminhando por serras, matos, desertos e caminhos mui ásperos. Outros costumam ir por mar de umas terras para outras, em umas embarcações a que chamam canoas, quando querem fazer alguns assaltos ao longo da costa. Essas canoas são feitas à maneira de lançadeiras de tear de um só pau, em cada uma das quais vão vinte, trinta remadores. Além destas, há outras que são da casca de um pau do mesmo tamanho, que se acomodam muito às ondas e são mui ligeiras, ainda que menos seguras; porque se se alagam vão-se ao fundo, o que não ocorre com as de pau, que de qualquer maneira sempre andam em cima d'água. E quando acontece alagar-se alguma, os índios se lançam ao mar e a sustentam até que a acabam de esgotar, e outra vez se embarcam nela e tornam a fazer sua viagem.

Todos em seus combates são mui determinados e pelejam mui animosamente, sem nenhuma arma defensiva. E assim parece coisa estranha ver dois, três mil homens nus, de parte a parte flechar uns aos outros com grandes assobios e grita, meneando-se todos com grande ligeireza, de uma parte para outra, para que não possam os inimigos apontar nem fazer tiro em pessoa certa. Porém, pelejam desordenadamente e desmandam-se[1] muito uns e outros em semelhantes brigas, porque não têm capitão que os governe, nem outros oficiais de guerra a que tenham de obedecer nos tais tempos. Mas ainda que dessa ordenança careçam, todavia, por outra parte, dão-se a grande manha[2] em seus cometimentos e são mui cautos no escolher do tempo em que hão de fazer seus assaltos nas aldeias dos inimigos, sobre os quais costumam atacar de noite, à hora que os achem mais descuidados. E quando acontece não poderem logo invadi-los, por lhes ser impedimento alguma cerca de madeira, que eles costumam ter ao redor da aldeia para sua defesa, fazem outra semelhante, algum tanto separada da aldeia, e assim a vão chegando a cada noite dez, doze passos, até que um dia amanhece pegada com a dos contrários; onde muitas vezes se acham tão próximos, que vêm a quebrar as cabeças, com paus que

1. Excedem-se, descomedem-se.
2. Destreza, habilidade.

arremessam uns aos outros. Mas, pela maior parte, os que estão na aldeia levam vantagem na peleja, e as mais das vezes os cometedores retornam desbaratados para suas terras, sem conseguirem vitória nem triunfarem sobre seus inimigos, como pretendiam; e isto assim por não terem armas defensivas nem outros apercebimentos necessários para se entreterem nos cercos e fortificarem contra seus inimigos, como também por seguirem muitos agouros, e qualquer coisa que lhes antolha ser bastante para retirá-los de seu intento, e tão inconstantes e pusilânimes são nesta parte que muitas vezes ao partirem de suas terras mui determinados e desejosos de exercitarem a sua crueldade, se acontece encontrar certa ave ou qualquer outra coisa semelhante que eles tenham por mau prognóstico, não vão mais adiante com sua determinação, e dali costumam tornar-se outra vez, sem haver algum da companhia que seja contra esse parecer. Assim que com qualquer abusão[3] destas, a todo tempo se abalam mui facilmente, ainda que estejam mui perto

3. Engano, ilusão, erro vulgar.

de alcançar vitória, porque já aconteceu terem uma aldeia quase rendida e, por um papagaio, que havia nela, falar umas certas palavras que lhe tinham ensinado, levantaram o cerco e fugiram sem esperarem o bom sucesso que o tempo lhes prometia, crendo sem dúvida que, se assim o não fizessem, morreriam todos nas mãos de seus inimigos. Mas afora essa pusilanimidade a que estão sujeitos, são mui atrevidos (como digo) e tão confiados em sua valentia, que não há forças de contrários tão poderosas que os assombrem, nem que os façam desviar de suas bárbaras e vingativas tenções. A esse propósito contarei alguns casos notáveis que aconteceram entre eles, deixando outros muitos à parte, de que eu pudera fazer um grande volume se minha tenção fora escrevê-los em particular como cada um dos seguintes.

Na capitania de São Vicente, sendo capitão Jorge Ferreira, aconteceu darem os contrários em uma aldeia que estava não mui longe dos portugueses, e nesse assalto matarem um filho do principal da aldeia.[4] E porque

4. Essa história é também contada por Hans Staden, no capítulo XLV de sua obra publicada em 1557.

ele era benquisto e amado de todos, não havia pessoa nela que o não pranteasse, mostrando com lágrimas e palavras magoadas o sentimento de sua morte. Mas o pai, como corrido[5] e afrontado de não haver ainda nesse caso tomado vingança, pediu a todos com eficácia que, se o amavam, dissimulassem a perda de seu filho, e que por nenhuma via o quisessem chorar. Passados três ou quatro meses depois da morte do filho, mandou aperceber[6] sua gente como convinha, por lhe parecer aquele tempo mais favorável e acomodado a seu propósito; o que todos logo puseram em efeito. E dali a poucos dias deram consigo na terra dos contrários (que estaria mais ou menos à distância de três jornadas), onde fizeram suas ciladas junto da aldeia, na parte que mais pudesse ofender[7] a seus inimigos; e logo que anoiteceu, o mesmo principal se apartou da companhia com dez ou doze flecheiros escolhidos, em quem ele mais confiava, e com eles entrou na aldeia dos inimigos que o haviam

5. Envergonhado, vexado.
6. Preparar-se, arrumar-se para.
7. Magoar, prejudicar, atacar.

ofendido; e deixando-os à parte, sozinho, sem outra pessoa o seguir, começou a rodear uma casa e outra, espreitando com muita cautela de maneira que não fosse ouvido; e da prática[8] que eles tinham uns com os outros, veio a conhecer, pela notícia do nome, qual era e onde estava o que havia matado seu filho, e para se acabar de satisfazer, chegou-se da banda de fora à sua estância, e quando foi bem certificado de ele ser aquele, deixou-se ali estar lançado em terra esperando que se aquietasse a gente. E logo que viu horas acomodadas para fazer a sua, rompeu a palma mui mansamente, de que a casa estava coberta, e entrando foi-se direto ao matador, ao qual cortou logo a cabeça em breve espaço com um cutelo que para isso levava. Feito isto, tomou-a nas mãos e saiu-se fora a seu salvo. Os inimigos que nesse tempo acordaram ao rebuliço e estrondo do morto, conhecendo serem contrários, começaram a os seguir. Mas como seus companheiros, que ele havia deixado em guarda, estavam prontos, ao sair da casa, mataram

8. Conversa.

muitos deles, e assim se foram defendendo até chegarem às ciladas, de onde todos saíram com grande ímpeto contra os que os seguiam, e ali mataram muitos mais. E com essa vitória se vieram recolhendo para sua terra com muito prazer e contentamento. E o principal, que consigo trazia a cabeça do inimigo, chegando à sua aldeia, a primeira coisa que fez, foi-se ao meio do terreiro da aldeia e ali a fixou num pau à vista de todos dizendo estas palavras: "Agora, companheiros e amigos meus, que eu tenho vingada a morte de meu filho, e trazida a cabeça do que o matou diante de vossos olhos, vos dou licença que o choreis muito em boa hora;[9] que dantes com mais razão me podereis a mim chorar, enquanto vos parecia que por algum descuido adiava essa vingança, ou que porventura esquecido de tão grande ofensa não pretendia tomá-la, sendo eu aquele a quem mais devia tocar o sentimento de sua morte." Dali por diante, foi sempre este principal mui temido e ficou seu nome afamado por toda aquela terra.

9. Gândavo escreve "muito embora".

Outro caso de não menos admiração aconteceu entre Porto Seguro e o Espírito Santo, naquelas guerras onde mataram Fernão de Sá, filho de Mem de Sá, que então era governador-geral destas partes. E foi que tendo os portugueses rendida uma aldeia com favor de alguns índios nossos amigos que tinham de sua parte, chegaram a uma casa para fazerem presa nos inimigos, como já tinham feito em cada uma das outras. Mas eles, deliberados a morrer, não consentiram que nenhum entrasse, e os de fora vendo sua determinação, e que por nenhuma via se queriam entregar, disseram-lhes que se logo agora não o faziam, lhes haviam de pôr fogo à casa sem nenhuma remissão. E vendo os nossos que com eles não aproveitava esse desengano, antes se punham de dentro em determinação de matar quantos pudessem, lhes puseram fogo; e estando a casa assim ardendo, o principal deles, vendo que já não tinham nenhum remédio de salvação nem de vingança e que todos começavam a arder, arremeteu de dentro com grande fúria a outro principal dos contrários que passava por defronte da porta da banda de fora, e de tal maneira o abarcou que, sem o outro se poder livrar de suas mãos, o meteu consigo em casa, e no mesmo instante se lançou com ele na fogueira, onde arderam ambos com os mais que lá estavam, sem escapar nenhum.

Nesse mesmo tempo e lugar deu um português uma tão grã cutilada a um índio, que quase o cortou pelo meio; o qual caindo no chão, já como morto, antes que acabasse de expirar, lançou a mão a uma palha que achou diante de si e atirou com ela ao que o matara, como se dissesse: "Recebe-me a vontade, que te não posso mais fazer que isto que te faço em sinal de vingança." Donde verdadeiramente se pode inferir que nenhuma outra coisa os atormenta mais na hora de sua morte que a mágoa que levam de não se poderem vingar de seus inimigos.

Capítulo 12

Da morte que dão aos cativos e crueldades que usam com eles

Uma das coisas em que esses índios mais repugnam o ser da natureza humana, e em que totalmente parece que se extremam dos outros homens, é nas grandes e excessivas crueldades que executam em qualquer pessoa que podem ter às mãos, quando não seja de seu rebanho. Porque não tão somente lhe dão cruel morte quando estão mais livres e desimpedidos de toda paixão, mas ainda, depois disso, por se acabarem de satisfazer, lhe comem todos a carne, usando nessa parte de cruezas tão diabólicas, que ainda nelas excedem aos brutos animais que não têm uso de razão, nem foram nascidos para obrar clemência.[1]

1. O canibalismo, característico dos povos tupis que então habitavam a costa brasileira, fascinou os europeus, sendo narrado com riqueza de detalhes por todos os cronistas da época e representado nas gravuras publicadas em edições de Hans Staden e Jean de

Primeiramente, quando tomam algum contrário, se logo naquele instante o não matam, levam-no a suas terras, para que mais a seu sabor se possam todos vingar dele. E logo que a gente da aldeia tem notícia que eles trazem o tal cativo, daí se vão, fazendo um caminho de mais ou menos meia légua, onde o esperam. Ao qual, em chegando, recebem todos com grandes afrontas e vitupérios, tangendo-lhe umas flautas que costumam fazer das canas das pernas de outros contrários que mataram da mesma maneira. E quando entram na aldeia, depois de assim andarem com ele triunfando de uma parte a outra, lançam-lhe ao pescoço uma corda de algodão, que para isso têm feita, a qual é mui grossa na parte que o abrange, e tecida ou enlaçada de maneira que ninguém a pode abrir nem cerrar senão o mesmo oficial que a fez. Essa corda tem duas pontas compridas por onde o atam de noite para não fugir. Dali o metem

Léry, entre outras. Gândavo descreve as etapas do canibalismo tupi de forma bastante semelhante à de seus contemporâneos, mas faz observações fruto de experiências próprias, como o fato de alguns portugueses terem escapado com a ajuda de suas esposas índias e o registro sobre a crença indígena de que a criança era oriunda unicamente do pai, não trazendo características da mãe.

numa casa e, junto da estância daquele que o cativou, lhe armam uma rede, e logo que nela se lança, cessam todos os agravos, sem haver mais pessoa que lhe faça nenhuma ofensa. E a primeira coisa que logo lhe apresentam é uma moça, a mais formosa e honrada que há na aldeia, a qual lhe dão por mulher; daí por diante ela tem cargo de lhe dar de comer e de o guardar, e assim não vai nunca para parte alguma sem que ela o acompanhe. E depois de o terem dessa maneira mui regalado um ano, ou o tempo que querem, determinam de o matar, e nos últimos dias antes de sua morte, para festejarem a execução dessa vingança, aparelham muita louça nova, e fazem muitos vinhos do sumo de uma planta,[2] que se chama aipim, de que atrás fiz menção. Nesse mesmo tempo lhe arrumam uma casa nova, onde o metem. E o dia em que há de padecer, pela manhã muito cedo, antes que o sol saia, o tiram dela, e com grandes cantares e folias, o levam a banhar numa ribeira. E logo que o tornam a trazer, vão-se com ele a um terreiro que está

2. O *cauim*, obtido da mandioca e de diversas frutas.

no meio da aldeia e ali lhe mudam a corda[3] do pescoço para a cintura, passando-lhe uma ponta para trás e outra para diante; e em cada uma delas pegados dois, três índios. As mãos lhe deixam soltas porque folgam de o ver defender-se com elas; e ali lhe dão uns pomos duros, à maneira de laranjas, com que possa atirar e ofender a quem quiser. E aquele que está encarregado de o matar é um dos mais valentes e honrados da terra, a quem por favor e preeminência da honra concedem esse ofício. O qual empena primeiro todo o corpo com penas de papagaio e de outras aves de várias cores. E assim sai, dessa maneira, com um índio que lhe traz a espada sobre um alguidar, a qual é de um pau mui duro e pesado, feita à maneira de uma maça, ainda que na ponta tem alguma semelhança com uma pá.[4] E chegando ao padecente, a toma nas mãos, e lha passa por baixo das pernas e dos braços, meneando-a de uma parte para outra. Feitas essas cerimônias, afasta-se um tanto dele, e começa a lhe fazer uma fala a modo de pregação; dizendo-lhe

3. Essa corda era designada por *muçurana* e confeccionada de algodão ou embira.
4. Essa clava era chamada *ibirapema*.

que se mostre mui esforçado em defender sua pessoa, para que o não desonre, nem digam que matou um homem fraco, afeminado e de pouco ânimo, e que se lembre que é dos valentes morrerem daquela maneira em mãos de seus inimigos, e não em suas redes como mulheres fracas, que não foram nascidas para com suas mortes ganharem semelhantes honras. E se o padecente é homem animoso, e não está desmaiado naquele passo (como acontece a alguns), responde-lhe, com muita soberba e ousadia, que o mate muito em boa hora, porque o mesmo tem ele feito a muitos seus parentes e amigos. Porém que se lembre que assim como tomam de suas mortes vingança nele, assim também os seus o hão de vingar como valentes homens, e haverem-se ainda com ele e com toda sua geração daquela mesma maneira. Ditas estas e outras palavras semelhantes, que eles costumam arrazoar nos tais tempos, arremete o matador a ele com a espada levantada nas mãos, em postura de o matar, e com ela o ameaça muitas vezes, fingindo que lhe quer dar. O miserável padecente que sobre si vê a cruel espada entregue naquelas violentas e rigorosas mãos do capital inimigo, com os olhos e os sentidos postos nela, em vão se defende o quanto pode. E andando assim nesses cometimentos, acontece algumas vezes virem a braços, e o padecente tratar mal ao matador com a mesma espada. Mas isto raramente, porque acodem logo com muita presteza os circunstantes a livrá-lo de suas mãos. E assim que o matador vê tempo oportuno, tal pancada lhe dá na cabeça, que logo lha faz em pedaços. Está uma índia velha pronta, com um cabaço grande na mão, e quando o padecente cai, acode muito depressa a meter-lho na cabeça para tomar os miolos e o sangue.[5] E quando dessa maneira o acabam de matar, fazem-no em pedaços, e cada principal que aí se acha leva seu quinhão para convidar a gente de sua aldeia. Tudo enfim assam e cozem, e não fica dele coisa que não comam todos quantos há na terra; salvo aquele que o matou não come dele nada, e além disso manda-se sarjar[6] por

5. As anciãs costumavam recolher a massa encefálica e o sangue, que bebiam ainda quente. Os homens comiam as vísceras cozidas, as mulheres, os órgãos sexuais. A língua e a massa encefálica eram destinadas aos jovens, enquanto as crianças comiam os intestinos. Os membros e os quartos eram moqueados e oferecidos a todos os presentes.

6. Escarificar, fazer incisões, cortes. Entre as tribos tupis, o matador não comia a carne do sacrificado, e logo após o ritual era tatuado e escarificado no peito, nos braços, nas

todo o corpo, porque tem por certo que logo morrerá se não derramar de si aquele sangue assim que acaba de fazer o seu ofício. Algum braço ou perna, ou outro qualquer pedaço de carne, costumam assar no fumo e tê-lo guardado alguns meses, para depois, quando o quisessem comer fazerem novas festas, e com as mesmas cerimônias tornarem a renovar outra vez o gosto dessa vingança como no dia em que o mataram.

E depois que assim chegam a comer a carne de seus contrários, ficam os ódios confirmados perpetuamente, porque sentem muito essa injúria, e por isso andam sempre a vingar-se uns dos outros como já tenho dito. E se a mulher que foi do cativo acerta de ficar prenhe, aquela criança que pare, depois de criada, matam-na e comem-na, sem haver entre eles pessoa alguma que se compadeça de tão injusta morte. Antes seus próprios avós (a quem mais devia chegar essa mágoa) são aqueles que com maior gosto o ajudam a comer, e

coxas ou nas barrigas das pernas, e então iniciava um período de reclusão e jejum. Quanto maior o número de incisões que levava no corpo, maior era o prestígio do índio, pois indicava que havia matado muitos "contrários".

dizem que como filho de seu pai se vingam nele; tendo para si que em tal caso não toma essa criatura nada da mãe, nem crêem que aquela inimiga semente pode ter mistura com seu sangue. E somente por essa razão lhe dão essa mulher com que converse: porque na verdade são eles tais, que não se haveriam de todo ainda por vingados do pai, se no inocente filho não executassem essa crueldade. Mas porque a mãe sabe o fim que hão de dar a essa criança, muitas vezes, quando se sente prenhe, mata-a dentro da barriga, e faz com que não venha à luz. Também acontece algumas vezes afeiçoar-se tanto ao marido, que chega a fugir com ele para sua terra para o livrar da morte. E assim, dessa maneira, escaparam alguns portugueses, que ainda hoje em dia vivem. Porém, o que não se salva por essa via, ou por outra qualquer manha oculta, será coisa impossível escapar de suas mãos com vida; porque não costumam dá-la a nenhum cativo, nem desistirão da vingança que esperam tomar dele por nenhuma riqueza do mundo, quer seja macho, quer fêmea. Salvo se o principal, ou outro qualquer da aldeia, acerta de casar com alguma escrava, sua contrária (como muitas vezes acontece), que, por isso, fica libertada, e assim assentam em não pretenderem vingança dela, por comprazerem àquele que a tomou por mulher. Mas logo que morre de morte natural, para cumprirem as leis de sua crueldade (tendo que já nisto não ofendem o marido), costumam quebrar-lhe a cabeça, ainda que isto raras vezes, porque se tem filhos não deixam chegar ninguém a ela, e ficam guardando seu corpo até que o dêem à sepultura.

Outros índios doutra nação diferente se acham nestas partes, ainda mais ferozes e de menos razão que estes. Chamam-se aimorés,[7] os quais andam por esta costa como salteadores, e habitam da capitania dos Ilhéus até a de Porto Seguro, aonde vieram ter

7. Também Gabriel Soares de Sousa fala da ferocidade dos aimorés "que tanto dano têm feito a esta capitania dos Ilhéus". Gândavo, no *Tratado da província do Brasil*, diz, como Sousa, que esses índios representavam o maior empecilho ao desenvolvimento de Ilhéus. Veja-se o que registra Sousa, em 1587: "A capitania de Porto Seguro e a dos Ilhéus estão destruídas e quase despovoadas com o temor desses bárbaros, cujos engenhos não lavram açúcar por lhe terem morto todos os escravos e gente deles e das mais fazendas, e os que escaparam das suas mãos lhe tomaram tamanho medo que em se dizendo aimorés, despejam as fazendas e cada um trabalha para se pôr em salvo, o que fazem também os homens brancos, dos quais têm morto esses alarves de vinte e cinco anos a esta parte, que essa praga persegue essas duas capitanias, mais de trezentos homens portugueses e de três mil escravos."

do sertão mais ou menos no ano de 55.[8] A causa de residirem nesta parte mais que nas outras é por serem aqui as terras mais acomodadas a seu propósito, tanto pelos grandes matos, onde sempre andam emboscados, como pela muita caça que há nelas, que é o seu principal mantimento, de que se sustentam. Esses aimorés são mais alvos e de maior estatura que os outros índios da terra, com a língua dos quais não tem a destes nenhuma semelhança nem parentesco.[9] Vivem todos entre os matos como brutos animais, sem terem povoações nem casas em que se recolham.[10] São mui forçosos em extremo, e trazem uns arcos mui compridos e grossos

8. No *Tratado da província do Brasil*, Gândavo diz: "Pelas terras dessa capitania [Ilhéus] até junto do Espírito Santo se acha uma certa nação de índios que vieram do sertão há cinco ou seis anos e dizem que outros contrários destes vieram sobre eles e os desbarataram todos e os que fugiram são estes que andam pela costa. Chamam-lhes aimorés, a língua deles é diferente dos outros índios, ninguém os entende; alguns deles são tão altos e tão largos de corpo que quase parecem gigantes. ... Esses índios não vivem senão pela flecha, seu mantimento é caça, bichos e carne humana. ... Muitas terras viçosas estão perdidas junto dessa capitania, as quais não são possuídas dos portugueses por causa desses índios." O historiador inglês John Hemming confirma a informação de Gândavo, e registra que os aimorés chegaram às terras litorâneas na década de 1550. Os aimorés e outras tribos tapuias haviam sido expulsos do litoral pelos povos tupis pouco antes da chegada dos portugueses ao Brasil.

9. *Aimoré*, em tupi, designa uma espécie de macaco.

10. Outros cronistas do século XVI também acreditavam que os aimorés não tinham casas, mas esses povos nômades construíam cabanas com folhas de palmeira.

conformes a suas forças, e as flechas da mesma maneira. Esses alarves[11] têm feito muito dano nestas capitanias depois que desceram a esta costa, e matado alguns portugueses e escravos, porque são mui bárbaros, e toda a gente da terra lhes é odiosa. Não pelejam em campo, nem têm ânimo para isso: põem-se entre o mato, junto de algum caminho, e logo que alguém passa atiram-lhe ao coração, ou à parte onde o matem, e não despedem flecha que não na empreguem. As mulheres trazem uns paus grossos à maneira de maças com que os ajudam a matar algumas pessoas, quando se oferece ocasião. Até agora não se pôde achar nenhum remédio para destruir essa pérfida gente, porque logo que vem tempo oportuno, fazem seus assaltos e logo se recolhem ao mato mui depressa, onde são tão ligeiros e manhosos, que quando cuidamos que vão fugindo ante quem os persegue, então ficam atrás escondidos atirando aos que passam descuidados, e dessa maneira matam muita gente. Pela qual razão todos quantos portugueses e índios há na terra

11. Bruto, rude, selvagem. Também Gabriel Soares de Sousa qualifica os aimorés como alarves.

os temem muito: e assim, onde os há, nenhum morador vai a sua fazenda por terra que não leve consigo quinze ou vinte escravos de arcos e flechas para sua defesa. O mais do tempo andam derramados por diversas partes, e quando se querem ajuntar assobiam como pássaros, ou como bugios, de maneira que uns aos outros se entendem e conhecem, sem serem da outra gente conhecidos. Não dão vida uma só hora a ninguém, porque são mui repentinos e acelerados no tomar de suas vinganças, e tanto, que muitas vezes estando a pessoa viva, lhe cortam a carne e lha estão assando e comendo à vista de seus olhos.[12] São finalmente esses selvagem tão ásperos e cruéis que não se pode com palavras encarecer sua dureza. Alguns deles tiveram já os portugueses às mãos, mas como sejam tão bravos e de condição tão esquiva, nunca os puderam amansar nem submeter a nenhuma servidão, como os outros índios da terra, que não recusam como estes a sujeição do cativeiro.

12. Gândavo nota aqui, como outros cronistas do Brasil, que os aimorés praticavam o canibalismo como fonte alimentícia, e não como ritual de vingança, conforme era hábito entre os tupis.

Também há uns certos índios junto do rio do Maranhão, da banda do oriente,[13] na altura de mais ou menos dois graus, que se chamam tapuias,[14] os quais dizem que são da mesma nação desses aimorés, ou pelo menos irmãos em armas, porque ainda que se encontrem, não ofendem uns aos outros. Esses tapuias não comem a carne de nenhum contrário, antes são inimigos capitais daqueles que a costumam comer, e os perseguem com mortal ódio. Porém, pelo contrário, têm outro rito muito mais feio e diabólico, contra a natureza, e digno de maior espanto. E é que, quando algum chega a estar doente de maneira que se desconfie de sua vida, seu pai ou mãe, irmãos ou irmãs, ou quaisquer outros parentes mais chegados, o acabam de matar com suas próprias mãos, havendo que usam assim com ele de mais piedade que consentirem que a

13. No manuscrito do Escorial: "junto do rio do Maranhão, da banda de sueste".

14. Os povos tupis transmitiram aos portugueses seu menosprezo pelos povos que não pertenciam à família tupi-guarani, por eles designados como *tapuias*, palavra tupi que significa "aqueles que falam a língua travada" ou "selvagens". Essa visão negativa dos índios não-tupis, como os aimorés e os goitacases, tidos como bárbaros, foi herdada pelos portugueses e registrada por todos os cronistas do Brasil contemporâneos de Gândavo.

morte o esteja senhoreando e consumindo por termos tão vagarosos. E o pior é que, depois disto, o assam e cozem e lhe comem toda carne, e dizem que não hão de sofrer que coisa tão baixa e vil, como é a terra, lhes coma o corpo de quem tanto amam, e que pois é seu parente, e entre eles há tanta razão de amor, que sepultura mais honrada lhe podem dar que metê-lo dentro em si e agasalhá-lo para sempre em suas entranhas.[15]

E porque meu intento principal não foi tratar aqui senão daqueles índios que são gerais pela costa, com quem os portugueses têm comunicação, não me quis mais deter em particularizar alguns ritos desta e doutras nações diferentes que há nesta província, por me parecer que seria temeridade e falta de consideração escrever em história tão verdadeira coisas em que porventura podia haver falsas informações, pela pouca notícia que ainda temos da mais gentilidade que habita pela terra adentro.

15. Essa observação também está registrada no *Roteiro do Brasil*, atribuído a Francisco d'Acunha. Nenhum outro cronista português quinhentista se refere ao endocanibalismo. A ingestão dos entes queridos e familiares mortos era, até meados do século passado, comum entre os waris de Rondônia e os kaxinawás do Acre. Ainda hoje, os ianomâmis comem as cinzas de seus mortos.

Capítulo 13

Do fruto que fazem nestas partes os padres da Companhia com sua doutrina

Por todas as capitanias desta província estão edificados mosteiros dos padres da Companhia de Jesus, e feitas em algumas partes algumas igrejas entre os índios que são de paz, onde residem alguns padres para os doutrinar e fazer cristãos; o que todos aceitam, facilmente, sem contradição alguma. Porque como eles não tenham nenhuma lei, nem coisa entre si a que adorem, é-lhes muito fácil tomar essa nossa. E assim também com a mesma facilidade, por qualquer coisa leve, a tornam a deixar, e muitos fogem para o sertão depois de batizados e instruídos na doutrina cristã. E porque os padres vêem a inconstância que há neles, e a pouca capacidade que têm para observar os mandamentos da lei de Deus (principalmente os mais antigos, que são aqueles em quem menos frutifica a semente de sua doutrina), procuram em especial plantá-la em seus filhos, os quais levam desde meninos instruídos nela.[1] E dessa maneira se tem esperança (mediante a divina graça) que pelo tempo adiante se vá edificando a religião cristã por toda esta província, e que ainda nela floresça universalmente a nossa Santa Fé católica, como noutra qualquer parte da cristandade. E para que o fruto dessa doutrina se não perdesse, antes fosse cada vez em mais crescimento, determinaram os mesmos padres de atalhar todas as ocasiões que lhes podiam de nossa parte ser impedimento, causa de escândalo, e prejuízo às consciências dos moradores da terra. Porque como esses índios cobiçam muito algumas coisas que vão deste reino, convém a saber, camisas, pelotes,[2] ferramentas e outras peças semelhantes, vendiam-se a troco delas uns aos outros aos portugueses, os quais, nessa oportuni-

1. Disto dão testemunho o pe. Manuel da Nóbrega e outros jesuítas em suas cartas, algumas delas publicadas em Portugal em 1551, e nas quais os religiosos relatam suas dificuldades na conversão dos índios e a adoção de uma política de evangelização centrada na educação das crianças.

2. Espécie de casaco de abas grandes e sem mangas que se vestia por cima do gibão.

dade, assaltavam quantos queriam e faziam-lhes muitos agravos sem ninguém lhes ir à mão. Mas já agora não há essa desordem na terra, nem resgates como soía. Porque depois que os padres viram a sem razão que com eles se usava e o pouco serviço de Deus que daí se seguia, prouveram nesse negócio e vedaram (como digo) muitos assaltos que faziam os mesmos portugueses por esta costa; os quais carregavam muito suas consciências por cativarem muitos índios contra direito e moverem-lhes guerras injustas. E para evitar tudo isso, ordenaram os padres e fizeram os governadores e capitães da terra que não houvesse mais resgates daquela maneira, nem consentissem que fosse nenhum português a suas aldeias sem licença do seu capitão.[3] E se algum faz o contrário, ou os agrava por qualquer via que seja, ainda que vá com licença, pelo mesmo caso é mui bem castigado, conforme a sua culpa. Além disso, para que nesta parte haja mais desengano,

3. Os jesuítas desempenharam importante papel na defesa dos índios brasileiros, lutando pela humanização das relações entre portugueses e índios e pela libertação daqueles injustamente escravizados; e também influenciaram as normas decretadas por d. Sebastião em 1570, que regulamentavam a escravidão, a captura e a libertação dos indígenas.

quantos escravos agora vêm novamente[4] do sertão, ou de algumas capitanias para outras, todos levam primeiro à alfândega, e ali os examinam e lhes fazem perguntas, quem os vendeu, ou como foram resgatados, porque ninguém os pode vender senão seus pais (se for ainda com extrema necessidade) ou aqueles que em justa guerra os cativam, e os que acham mal adquiridos põem-nos em liberdade. E dessa maneira quantos índios se compram são bem resgatados, e os moradores da terra não deixam por isso de ir muito avante com suas fazendas.

Outros muitos benefícios e obras pias têm feito esses padres e fazem hoje em dia nestas partes, a quem com verdade se não pode negar muito louvor. E porque elas são tais que por si se apregoam pela terra, não me quis intrometer a tratá-las aqui mais por extenso; basta sabermos quão aprovadas são em toda parte suas obras por santas e boas, e que sua tenção não é outra senão dedicá-las a Nosso Senhor, de quem somente esperam a gratificação e prêmio de suas virtudes.

4. Pela primeira vez, recentemente.

Capítulo 14

Das grandes riquezas que se esperam da terra do sertão

Esta província de Santa Cruz, além de ser tão fértil como digo, e abastada de todos os mantimentos necessários para a vida do homem, é certo ser também mui rica, e haver nela muito ouro e pedraria, de que se têm grandes esperanças.[1] E a maneira como isto se veio a denunciar e ter por coisa averiguada foi por via dos índios da terra. Os quais como não tenham fazendas que os detenham em suas pátrias, e seu intento não seja outro senão buscar sempre terras novas, a fim de lhes parecer que acharam nelas imortalidade e

1. O tema deste último capítulo – a procura por ouro e pedras preciosas – ganha posição de destaque na primeira versão da obra, o *Tratado da província do Brasil*, e aparece já nas primeiras páginas do manuscrito, na dedicatória à rainha d. Catarina, avó de d. Sebastião: "E também se espera desta província que por tempo floresça tanto na riqueza como as Antilhas de Castela porque é certo ser em si a terra mui rica

descanso perpétuo, aconteceu levantarem-se uns poucos de suas terras, e meterem-se pelo sertão adentro, onde depois de terem entrado algumas jornadas, foram dar com outros índios seus contrários, e ali tiveram com eles grande guerra. E por serem muitos e lhes darem nas costas, não se puderam tornar outra vez a suas terras; por onde lhes foi forçado entrar pela terra adentro muitas léguas. E pelo trabalho e má vida que nesse caminho passaram, morreram muitos deles; e os que escaparam foram dar em uma terra onde havia algumas povoações mui grandes e de muitos vizinhos, os quais possuíam tanta riqueza, que afirmaram haver ruas mui compridas entre eles, nas quais se não fazia outra coisa senão lavrar peças de ouro e pedraria. Aqui se detiveram alguns dias com esses moradores, os quais vendo-lhes algumas ferramentas que eles le-

e haver nela muitos metais, os quais até agora se não descobrem ou por não haver gente na terra para cometer essa empresa ou também por negligência dos moradores, que se não querem dispor a esse trabalho; qual seja a causa por que o deixam de fazer não sei, mas permitirá Nosso Senhor que ainda em nossos dias se descubram nela grandes tesouros assim para serviço e aumento de V.S. como para proveito de seus vassalos que a desejam servir."

vavam consigo, perguntaram-lhes de quem as haviam, ou por que meios lhes vinham ter às mãos. Responderam-lhes que uma certa gente habitava ao longo da costa da banda do oriente, que tinha barba e outro parecer diferente, de quem as alcançavam, que são os portugueses. Os mesmos sinais lhes deram estoutros dos castelhanos do Peru, dizendo-lhes que também da outra banda tinham notícia de haver gente semelhante, então lhes deram certas rodelas todas chapadas de ouro e esmaltadas de esmeraldas, e lhes pediram que as levassem para que se acaso fossem ter com eles a suas terras, lhes dissessem que a troco daquelas peças e outras semelhantes lhes queriam levar ferramentas e ter comunicação com eles, o fizessem que estavam prontos para os receberem com muito boa vontade. Depois disto partiram-se daí e foram dar no rio das Amazonas, onde se embarcaram em algumas canoas que fizeram, e a cabo de terem navegado por ele acima dois anos, chegaram à província de Quito, terra do Peru povoada de castelhanos. Os quais vendo essa nova gente espantaram-se muito, e não sabiam determinar de onde eram, nem a que vinham. Mas logo foram conhecidos como gentio da província de Santa Cruz por alguns portugueses que então na mesma terra se achavam. E perguntado por eles a causa de sua vinda, contaram-lhes o caso miudamente, fazendo-os sabedores de tudo o que lhes havia sucedido. E isto veio-nos à notícia, tanto por via dos castelhanos do Peru, onde essas rodelas foram vendidas por grande preço, como pela dos mesmos portugueses que lá estavam quando isto aconteceu; com os quais falaram alguns homens deste reino, pessoas de autoridade, dignas de crédito, que testificam ouvirem-lhes afirmar tudo isto por extenso da maneira que digo.[2] E sabe-se de certo que está toda essa riqueza nas terras da conquista del rei de Portugal, e mais perto sem comparação das povoações dos portu-

2. Gândavo é o único cronista português a relatar esse extraordinário episódio, também narrado com algumas ligeiras variantes pelo cronista espanhol Pedro de Cieza Léon, em sua *Crônica do Peru*, escrita em 1551. Em 1549, os habitantes da cidade de Chachapoyas, na fronteira do Brasil com o Peru, foram surpreendidos pela chegada de centenas de índios brasileiros, que afirmaram ter sido guiados nessa longa migração por dois portugueses ou espanhóis, que não sobreviveram à viagem. A chegada dos índios causou sensação no Peru, não só pela longa jornada de travessia do continente que haviam empreendido, como pelas histórias que contaram sobre as muitas tribos que encontraram ao longo do rio Amazonas e da riqueza de uma província por eles chamada Omágua.

gueses que dos castelhanos. Isto se mostra claramente no pouco tempo que puseram esses índios em chegar a ela e no muito que despenderam em passarem daí ao Peru, que foram dois anos, como já disse. Além da certeza que por essa via temos, há outros muitos índios na terra que também afirmam haver no sertão muito ouro, os quais, posto que são gente de pouca fé e verdade, dá-se-lhes crédito nesta parte, porque acerca disto os mais deles concordam, e falam em diversas partes por uma só boca. Principalmente é pública fama entre eles que há uma lagoa mui grande no interior da terra, de onde procede o rio de São Francisco, de que já tratei, dentro da qual dizem haver algumas ilhas, e nelas edificadas muitas povoações, e outras ao redor delas mui grandes, onde também há muito ouro, e mais quantidade (segundo se afirma) que em nenhuma outra parte desta província. Também pela terra adentro, não muito longe do rio da Prata, descobriram os castelhanos uma mina de metal,[3]

3. As minas de Potosi, tão procuradas por portugueses e espanhóis, foram descobertas em 1545-46.

da qual se tem levado ouro ao Peru, e de cada quintal dele dizem que se tirou quinhentos e setenta cruzados, e de outro, trezentos e tantos; o demais que dela se tira é cobre infinito. Também descobriram outras minas de umas certas pedras brancas e verdes,[4] e de outras cores diversas, que são todas de cinco, seis quinas cada uma, à maneira de diamantes, e tão bem lavradas pela natureza como se por indústria humana o foram. Essas pedras nascem em um vaso como coco, o qual é todo oco, com mais de quatrocentas pedras ao redor, todas inseridas na pedreira com as pontas

4. Gândavo omite aqui algumas informações que havia registrado na segunda versão de seu livro sobre o Brasil. O *Tratado da terra do Brasil* ganhou um capítulo especialmente dedicado ao assunto e que pretendia "denunciar a riqueza dos metais que afirmam haver nela, provado tudo isto com pessoas que o acharam, viram e experimentaram". Neste capítulo, Gândavo narra a entrada de Martim Carvalho, empreendida em 1567 ou 1568. "A essa capitania de Porto Seguro chegaram certos índios do sertão a dar novas dumas pedras verdes que havia numa serra muitas léguas pela terra adentro, e traziam algumas delas por amostras, as quais eram esmeraldas, mas não de muito preço. E os mesmos índios diziam que daquelas havia muitas, e que essa serra era mui formosa e resplandecente. Tanto que os moradores dessa capitania disto foram certificados, fizeram-se prestes 50, 60 portugueses com alguns índios da terra e partiram pelo sertão adentro com determinação de chegar a essa serra onde essas pedras estavam. Ia por capitão dessa gente um Martim Carvalho, que agora é morador da Bahia de Todos os Santos; entraram pela terra algumas duzentas e vinte léguas, onde as mais das serras que acharam e viram que eram de mui fino cristal e toda a terra em

para fora. Alguns desses pedernais[5] se acham ainda imperfeitos; porque dizem que quando estão de vez que por si arrebentam, com tanto estrondo, como se disparasse um exército de arcabuzes, e assim acharam muitas, que com a fúria (segundo dizem) se metem pela terra um ou dois estádios.[6] Do preço delas não trato aqui, porque ao presente o não pude saber, mas sei que tanto destas como doutras há nesta província muitas e mui finas, e muitos metais, de onde se pode conseguir infinita riqueza. A qual, permitirá Deus, que ainda em nossos dias se descubra toda, para que com ela se aumente muito a coroa destes reinos, aos

si mui fragosa, e outras muitas serras de uma terra azulada, nas quais afirmam haver muito ouro, porque indo eles por entre duas serras, dessa maneira foram dar num ribeiro que pelo pé duma delas descia, no qual acharam entre a areia uns grãos miúdos amarelos, os quais alguns homens apalparam com os dentes e acharam-nos brandos, mas não se desfaziam. Finalmente que todos assentaram ser aquilo ouro, nem podia ser outro metal, pois o mesmo ouro dessa maneira nasce nas partes onde o há. [Os índios lhes disseram] que não havia muito dali ao Peru ... voltaram por um rio que se chamava Cricaré ... nesta viagem gastaram oito meses. ... Afirmam haver naquelas partes muito ouro, segundo as mostras e os sinais que acharam. E se lá tornar gente apercebida como convém, com toda provisão necessária, e levarem pessoas que disto conheçam, dizem que se descobrirão nesta terra grandes minas."

5. Conjunto de pedras.

6. Medida itinerária dos gregos correspondente a 41,25 metros.

quais dessa maneira esperamos (mediante o favor divino) ver muito cedo postos em tão feliz e próspero estado que mais se não possa desejar.

Fim.

Fac-símile

Seleção de páginas da edição original de 1576

As páginas a seguir foram escolhidas para permitir aos leitores visualizar a edição quinhentista, destacando também detalhes peculiares. Assim, selecionamos tanto uma seqüência mais extensa de páginas, indo desde a "Aprovação" até o início do "Capítulo 2", quanto dois pares de páginas particularmente interessantes: a abertura do "Capítulo 12", por sua ilustração, e as duas últimas páginas, devido às informações de gráfica e ano de impressão.

Aprouaçam.

VIa presente obra de Pero de Magalhães, por mandado dos senhores do Conselho geral da Inquisiçam, & nam tem cousa que seja contra nossa sancta Fee catholica, nem os bós costumes, antes muitas, muito pera ler, oje dez de Nouembro de 1575.

Francisco de Gouuea.

VIsta a informaçam, podese imprimir, & torne o proprio có hum dos impressos a esta mesa: & este despacho se imprimirá no principio do liuro com a dita informaçam Em Euora a dez de Nouembro. Manoel Antunez Secretario do Coselho geral do Sancto officio da Inquisiçam o fez de 1575. annos.

Liao Anriquez. Manoel de Coadros

¶ Ao muito illuſtre ſenhor Dom LIONIS PEREIRA ſobre o liuro que lhe offerece Pero de Magalhães: tercetos de Luis de Camões.

DEpois que Magalhães teue tecida
A breue hiſtoria ſua que illuſtraſſe,
A terra Sancta Cruz pouco ſabida.
Imaginando a quem a dedicaſſe,
Ou com cujo fauor defenderia
Seu liuro, de algum Zoilo que ladraſſe.
Tendo niſto occupada a fantaſia,
Lhe ſobreueo hum ſono repouſado,
Antes que o Sol abriſſe o claro dia,
Em ſonhos lhe aparece todo armado
Marte, brandindo a lança furioſa,
Com que fez quem o vio todo enfiado,
Dizendo em voz peſada & temeroſa,
Não he juſto que a outrem ſe offereça
Nenhũa obra que poſſa ſer famoſa,
Se nam a quem por armas reſplandeça,
No mundo todo, com tal nome & fama,
Que louuor immortal ſempre mereça.
Iſto aſsi dito, Apolo que da flama
Celeſte guia os carros, da outra parte
Se lhe apreſenta, & por ſeu nome o chama

TERCETOS DE

Dizendo, Magalhães, posto que Marte
Com seu terror te espante, todauia
Comigo deues sò de aconselharte.
Hum barão sapiente, em quem Talia
Pos seus thesouros, & eu minha sciencia,
Defender tuas obras poderia.
He justo que a escritura na prudencia
Ache sua defensam, porque a dureza
Das armas, he contraria da eloquencia:
Assi disse, & tocando com destreza
A citera dourada, começou
De mitigar de Marte a fortaleza:
Mas Mercurio, que sempre costumou
A despartir porfias duuidosas,
Co caduçeo na mão que sempre vsou,
Determina compor as perigosas
Opiniões dos Deoses inimigos,
Com razões boas, justas & amorosas,
E disse, bem sabemos dos antiguos
Heroes, & dos modernos, que prouaram
De Bellona os grauissimos perigos,
Que tambem muitas vezes ajuntaram
As armas eloquencia, porque as Musas
Mil capitães na guerra acompanharam:
Nunqua Alexandro, ou Cesar nas confusas
Guerras, deixarão o estudo hum breue espaço,
Nem armas da sciencias sam escusas.

Nũa

Nũa mão liuros, noutra ferro & aço:
  A hũa rege & ensina, & outra fere
  Mais co saber se vence que co braço.
Pois logo barão grande se requere,
  Que com teus dões Apollo illustre seja,
  E de ti Marte palma & gloria espere.
Este vos darey eu, em que se veja,
  Saber & esforço no sereno peito,
  Que he Dom Lionis que faz ao mundo enueja.
Deste as Irmaãs em vendo o bom sogeito,
  Todas noue nos braços o tomaram,
  Criando o com seu leite no seu leito.
As artes & sciencia lhe ensináram,
  Inclinaçam diuina lhe influiram,
  As virtudes moraes que o logo ornáram.
Daqui os exercicios o seguiram,
  Das armas no Oriente, onde primeiro,
  Hum soldado gentil instituiram.
Ali taes prouas fez de caualleiro,
  Que de Christão magnanimo & seguro,
  A si mesmo venceo por derradeiro.
Depois ja capitam forte & maduro,
  Gouernando toda Aurea Chersoneso,
  Lhe defendeo co braço o debil muro.
Porque vindo a cercala todo o peso
  Do poder dos Achens, que se sustenta
  Do sangue alheo, em furia todo aceso.

Este so que a ti Marte representa
O castigou de sorte, que o vencido
De ter quem fique viuo se contenta.
Pois tanto que o gram Reino defendido
Deixou: segunda vez com mayor gloria.
Pera o yr gouernar foy ellegido.
E nam perdendo ainda da memoria
Os amigos o seu gouerno brando,
Os immigos o dãno da victoria.
Hũs com amor intrinseco esperando
Estam por elle, & os outros congelados
O vão com temor frio receando.
Pois vede se seram desbaratados
De todo, por seu braço se tornasse,
E dos mares da India degradados.
Porque he justo que nunqua lhe negasse
O conselho do Olimpo alto & sobido
Fauor & ajuda com que pelejasse.
Pois aqui certo está bem dirigido,
De Magalhães o liuro, este so deue
De ser de vós, ò Deoses escolhido.
Isto Mercurio disse: & logo em breue
Se conformáram nisto, Apolo & Marte,
E voou juntamente o sono leue.
Acorda Magalhães, & ja se parte
A vos offerecer Senhor famoso
Tudo o que nelle pos, sciencia & arte.

Tem

DE LVIS DE CAMOENS.

Tem claro eſtylo, ingenho curioſo,
Pera poder de vos ſer recebido,
Com mão benigna de animo amoroſo:
Porque ſo de nam ſer fauorecido
Hum claro eſpirito, fica baixo & eſcuro,
E ſeja elle com voſco defendido,
Como o foy de Malaca o fraco muro.

¶ Soneto do mesmo Autor ao ſenhor Dom Lionis, acerca da victoria que ouue contra el Rey do Achem em Malaca

VOs Nimphas da Gangetica eſpeſſura,
Cantay ſuauemente em voz ſonora
Hum grande Capitam, que a roxa Aurora
Dos filhos defendeo da noite eſcura.
Ajuntouſe a caterua negra & dura,
Que na Aurea Cherſoneſo afouta mora,
Pera lançar do caro ninho fora
Aquelles que mais podem que a Ventura.
Mas hum forte Lião com pouca gente,
A multidam tam fera como necia,
Diſtruindo caſtiga, & torna fraca.
Pois ô Nimphas cantay que claramente
Mais do que fez Leonidas em Grecia
O nobre Lionis fez em Malaca.

AO MVITO ILLVSTRE SENHOR DOM LIONIS PEREIRA,

Epiſtola de Pero de Magalhães.

ESTE pequeno ſeruiço (muito illuſtre ſenhor) que offereço a V.M. das premicias de meu fraco entendimento, poderá nalgũa maneira conhecer os deſejos que tenho de pagar com minha poſsibilidade algũa parte do muito que ſe deue á inclita fama de voſſo heroyco nome. E iſto aſsi pelo merecimẽto do nobiliſsimo ſangue & clara progenie donde traz ſua origem, como pelos tropheos das grandes victorias, & caſos bem afortunados que lhe hão ſuccedido neſſas partes do Oriente em que Deos o quis fauorecer com tam larga mão, que nam cuido ſer toda minha vida baſtante pera ſatisfazer á menor parte de ſeus louuores. E como todas eſtas razões me ponham em tanta obrigaçam, & eu entenda que outra nenhũa couſa deue ſer mais aceita a peſſoas de altos animos que a liçam das eſcrituras, per cujos meyos ſe alcançam os ſegredos de todas as ſciencias, & os homẽs vẽm a illuſtrar ſeus nomes & perpetualos na terra com fama immortal, determiney escolher a V. M. entre os mais ſenhores da terra, & dedicarlhe eſta breue hiſtoria. A qual eſpero que ſolgue de ver cõ attençam & receberma benignamente debaixo de ſeu emparo: aſsi por ſer couſa noua, & eu a eſcreuer como teſtemunha de viſta: como por ſaber quam particular affeiçam V. M. tem ás couſas do ingenho, & que por eſta cauſa lhe nam ſera menos aceito o exercicio das eſcrituras, que o das armas. Poronde com muita razam fauorecido deſta confiança poſſa ſeguramente ſair a luz com eſta pequena empreſa & diuulgala pela terra ſem nenhum receo, tendo por defenſor della a V. M. Cuja muito illuſtre peſſoa noſſo Senhor guarde & acrecẽte ſua vida & eſtado por longos & felicis annos.

PROLOGO AO LECTOR.

A CAVSA principal que me obrigou a lançar mão da presente historia, & sair com ella a luz foy por nam auer ategora pessoa que a empren desse, auendo ja setenta & tantos annos que esta prouincia he descuberta. A qual historia creyo que mais esteue sepultada em tanto silencio, pelo pouco caso que os Portugueses fezeram sempre da mesma prouincia, que por fal tarem na terra pessoas de ingenho & curiosas, que per melhor estillo & mais copiosamente que eu a escreuessem. Porem ja que os estrangeiros a tem noutra estima, & sabem suas particularida des melhor & mais de raiz que nós (aos quaes lançáram ja os Por tugueses fora della a força darmas per muitas vezes) parece cou sa decente & necessaria, terem tambem os nossos naturaes a mes ma noticia, especialmente pera que todos aquelles que nestes Rei nos viuem em pobreza nam duuidem escolhela pera seu emparo: porque a mesma terra he tal, & tam fauorauel aos que a vam buscar, que a todos agasalha & conuida com remedio por pobres & desemparados que sejam. E tambem ha nella cousas dignas de grande admiraçam, & tam notaueis, que parecêra descuido & pouca curiosidade nossa, nam fazer mençam dellas em algum discurso, & dalas a perpetua memoria, como costumauam os Antiguos: aos quaes nam escapaua cousa algũa que por extenso nam reduzissem a historia, & fezessem mençam em suas escripturas de cousas menores que estas, as quaes hoje em dia viuem entre nôs como sabemos, & viuerám eternamente. E se os antiguos Portugueses

tuguefes

tuguefes, & ainda os modernos nam foram tam pouco affeiçoa dos á escriptura como sam, nam se perderam tantas antiguidades entre nôs de que agora carecemos, nem ouuera tam profundo esquecimento de muitas cousas, em cujo estudo tem muitos homẽs doctos cansado, & reuoluido grande copia de liuros sem as poderem descubrir, nem recuperar da maneira que passaram. Daqui vinha aos Gregos & Romanos auerem todas as outras nações por barbaras, & na verdade cõ rezã lhes podiã dar este nome pois eram tam pouco solicitos & cobiçosos de honra que por sua mesma culpa deixauão morrer aquellas cousas que lhes podiam dar nome & fazelos immortaes. Como pois a escriptura seja vida da memoria, & a memoria hũa semelhança da immortalidade a que todos deuemos aspirar, pela parte que della nos cabe, quis mouido destas razões, fazer esta breue historia, pera cujo ornamento nam busquey epitetos exquisitos, nem outra fermosura de vocabulos de q̃ os eloquentes oradores costumão vsar, pera com artificio de palauras engrandecerem suas obras. Somente procurey escreuer esta na verdade, per hum estillo facil & chão, como meu fraco ingenho me ajudou, desejoso de agradar a todos os que della quiserem ter noticia. Pelo que deuo ser desculpado das faltas que aqui me podem notar: digo dos discreto, que com sam zelo o custumão fazer, que dos idiotas & maldizentes bem sey que nam hey descapar, pois está certo nam perdoarem a ninguem.

Capi. I.

¶ Capit. Primeiro, De como ſe deſ*cobrio eſta prouincia, & a razam porque ſe deue chamar Sancta Cruz, & nam Braſil.*

REINANDO aquelle muy catholico & ſereniſsimo Principe elRey Dom MANVEL, fezſe hũa frota pera a India de que hia por capitam mór Pedraluarez Cabral: que foy a ſegunda nauegaçam que fezeram os Portugueſes pera aquellas partes do Oriente. A qual partio da cidade de Lixboa a noue de Março no anno de 1500. E ſendo ja entre as ilhas do Cabo verde (as quaes hião demandar pera fazer ahi agoada) deulhes hum temporal, que foy cauſa de as nam poderem tomar, & de ſe apartarem algũs nauios da companhia. E depois de auer bonança junta outra vez a frota, empégaranſe ao mar, aſsi por fogirem das calmarias de Guiné, que lhes podiam eſtrouar ſua viagem, como por lhes ficar largo poderem dobrar o cabo de boa Eſperança. E auendo ja hum mes, que hião naquella volta nauegando com vento proſpero, foram dar na coſta deſta prouincia: ao longo da qual cortáram todo aquelle dia, parecendo a todos que era algũa grande ilha que ali eſtaua, ſem auer Piloto, nem outra peſſoa algũa que teueſſe noticia

noticia della, nem que presumisse que podia estar terra firme pera aquella parte Occidental. E no lugar que lhes pareceo della mais accomodado, surgiram aquella tarde, onde logo teueram vista da gente da terra: de cuja semelhança nam ficáram pouco admirados, porque era differente da de Guiné, & fora do comum parecer de toda outra que tinham visto. Estando asi surtos nesta parte que digo, saltou aquella noite com elles tanto tempo, que lhes foy forçado leuarem as ancoras, & com aquelle vento que lhes era largo por aquelle rumo, foram correndo a costa ate chegarem a hum porto limpo & de bom surgidouro onde entraram: ao qual poseram entam este nome, que hoje em dia tem de Porto seguro, por lhes dar colheita & os assegurar do perigo da tempestade que leuauam. Ao outro dia seguinte, sahio Pedraluarez em terra com a mayor parte da gente: na qual se disse logo Missa cantada, & ouue pregaçam: & os Indios da terra que alí se ajuntáram ouuião tudo com muita quietaçam, vsando de todos os actos & cerimonias que vião fazer aos nossos. E asi se punham de giolhos & batião nos peitos, como se teueram lume de Fé, ou que por algũa via lhes fora reuelado aquelle grande & ineffabil mysterio do Sanctisimo Sacramento. No que mostrauam claramẽte estarẽ dispostos pera receberẽ a doctrina Christaã a todo tẽpo q̃ lhes fosse denũciada como gẽte q̃ não tinha impedimẽto de idolos, nem professaua outra ley

algũa

algũa que podesse contradizer a esta nossa, como a diante se vera no capitulo que trata de seus costumes. Entam despedio logo Pedraluarez hum nauio cõ a noua a elRey Dom Manuel, a qual foy delle recebida com muito prazer & contentamento: & dahi por diante começou logo de mandar algũs nauios a estas partes, & asi se foy a terra descobrindo pouco a pouco & conhecendo de cada vez mais, ate que depois se veo toda a repartir em capitanias & a pouoar da maneira que agora está. E tornando a Pedraluarez seu descobridor, passados algũs dias que alli esteue fazendo sua agoada & esperando por tempo que lhe seruisse, antes de se partir, por deixar nome aquella prouincia, por elle nouamẽte descuberta, mandou alçar hũa Cruz no mais alto lugar de hũa aruore, onde foy aruorada com grande solennidade & benções de Sacerdotes que leuaua em sua companhia, dando a terra este nome de Sancta Cruz: cuja festa celebraua naquelle mesmo dia a sancta madre Igreja (que era aos tres de Mayo). O que nam parece carecer de mysterio, porque asi como nestes Reinos de Portugal trazem a Cruz no peito por insignia da ordem & caualļaria de Christus, asi prouue a elle que esta terra se descubrisse a tempo, que o tal nome lhe podesse ser dado neste sancto dia, pois auia de ser possuida de Portugueses, & ficar por herança de patrimonio ao mestrado da mesma ordem de Christus. Por onde nam parece razão, que lhe neguemos este nome, nem que nos esqueçamos

esqueçamos delle tam indiuidamente por outro que lhe deu o vulgo mal considerado, depois que o pao da tinta começou de vir a estes Reinos. Ao qual chamaram brasil por ser vermelho & ter semelhança de brasa, & daqui ficou a terra com este nome de Brasil. Mas pera que nesta parte magoemos ao Demonio, que tanto trabalhou & trabalha por extinguir a memoria da Sancta Cruz, & desterrala dos corações dos homẽs (mediante a qual somos redemidos & liurados do poder de sua tyrannia) tornemoslhe a restituir seu nome, & chamemoslhe prouincia de Sancta Cruz como em principio (que assi o amoesta tambem aquelle illustre & famoso escritor Ioão de Barros na sua primeira Década, tratando deste mesmo descobrimento). Porque na verdade mais he destimar & milhor soa nos ouuidos da gẽte Christaã o nome de hum pao em que se obrou o mysterio de nossa redempçam, que o doutro que nam serue de mais que de tingir panos ou cousas semelhantes.

¶ *Capit. 2. Em que se descreue o sitio & qualidades desta prouincia*

ESta prouincia Sancta Cruz está situada naquella grande America, hũa das quatro partes do mundo. Dista o seu principio dous graos da equinocial pera a banda do Sul, & dahi se vay estendendo pera o mesmo Sul ate quorenta & cinco graos. De maneira que parte della fica

situada

ſituada debaixo da Zona torrida,& parte debaixo da tẽ perada. Eſtá formada eſta prouincia á maneira de hũa harpa : cuja coſta pella banda do Norte corre do Orien te ao Occidente & eſtá olhando direitamente a Equinocial . E pela do Sul confina com outras prouincias da meſma America pouoadas & poſſuidas de pouo gentilico com que ainda nam temos comunicação. E pela do Oriente confina com o mar Oceano Africo, & olha direitamente os Reinos de Congo & Angola a te o Cabo de boa eſperança que he o ſeu oppoſito. E pela do Occidente confina com as altiſsimas ſerras dos Andes & fraldas do Perú,as quaes ſam tam ſoberbas em cima da terra,q̃ ſe diz terem as aues trabalho em as paſſar. E ate oje hum ſó caminho lhe acharam os homens vindo do Perú a eſta prouincia,& eſte tam agro,que em o paſſar perecem algũas peſſoas, caindo do eſtreito caminho que trazem, & váo parar os corpos mortos tam longe dos viuos que nunqua os mais vem nem podem ainda que queiram darlhes ſepulrura. Deſtes & doutros extremos ſemelhãtes carece eſta prouincia Sácta Cruz : porq̃ com ſer tam grande, nam tem ſerras (ainda q̃ muitas) nem deſertos nem alagadiços, q̃ com facilidade ſe nam poſſam atraueſſar. Alẽ diſto he eſta prouincia ſem contradiçam a melhor pera a vida do homem que cada hũa das outras de America, por ſer comummente de bõs ares & fertiliſsima, & em gram maneira deleitoſa & apraziuel á viſta humana.

O ſer

¶ *Capitulo 12. Da morte que dam aos catiuos & crueldades que vſam com elles.*

HVA das couſas em que eſtes Indios mais repugnam o ſer da natureza humana, & é que totalmente parece que ſe extremam dos outros homẽs, he nas grãdes & exceſſiuas crueldades q̃ executam em qualq̃r peſſoa que podem auer ás mãos, como nam ſeja de ſeu rebanho. Porque nã tam ſómente lhe dão cruel morte em tẽpo que mais liures & deſempedidos eſtã de toda a paixam: mas ainda depois diſſo, por ſe acabarem de ſatisfazer lhe comem todos a carne, vſando neſta parte de cruezas tam diabolicas, que ainda nellas excedem aos brutos animaes que nam tem vſo de razam, nem forão nacidos pera obrar clemencia.

¶ Primeiramente quando tomão algum contrario, ſe logo naquelle fragante o nam matam, leuã no a ſuas terras pera que mais a ſeu ſabor ſe poſſam todos vingar delle.

E tanto

E tanto q̃ a gente da aldea tem noticia que elles trazem o tal catiuo, dahi lhe vão fazendo hũ caminho ate obra de meya legoa pouco mais ou menos onde o esperam. Ao q̃l em chegando, recebem todos cõ grandes afrontas & vituperios, tangendolhe hũas frautas q̃ costumam fazer das canas das pernas doutros cõtrarios semelhantes q̃ matam da mesma maneira. E como entram na aldea depois de assi andarem cõ elle triumphando de hũa parte pera outra, lançanlhe ao pescoço hũa corda de algodam q̃ pera isso tem feita, a qual he muy grossa, quanto naq̃lla parte q̃ o abrãge, & tecida ou enlaçada de maneira, q̃ ninguem a pode abrir nem cerrar, senam he o mesmo official q̃ a faz. Esta corda tem duas pontas compridas por onde o atam denoite pera nam fogir. Dali o metem nũa casa, & junto da estancia daquelle q̃ o catiuou lhe armão hũa rede, & tanto q̃ nella se lança, cessam todos os agrauos sem auer mais pessoa q̃ lhe faça nhũa offensa. E a primeira cousa que logo lhe apresentam, he hũa moça a mais fermosa & honrada que ha na aldea, a qual lhe dam por molher: & dahi por diãte ella tem cargo de lhe dar de comer & de o guardar, & assi nam vay nunqua pera parte que o nam acõpanhe. E depois de o terem desta maneira muy regalado hũ anno, ou o tẽpo que querem, determinam de o matar, & aquelles vltimos dias antes de sua morte, por festejarem a execuçam desta vingança, aparelham muita louça noua, & fazẽ muitos vinhos do çumo de hũa planta, q̃ se chama Ai-

 pim,

ram vẽdidas por grande preço, como pela dos mesmos Portugueses q̃ la estauam quando isto aconteceo: cõ os quaes faláram algũs homẽs deste Reino, pessoás de autoridade, & dignas de credito, que testificam ouuirẽlhes affirmar tudo isto por extenso da maneira q̃ digo. E sabese de certo que está toda esta riqueza nas terras da conquista delRey de Portugal, & mais perto sem cõparação das pouoações dos Portugueses q̃ dos Castelhanos. Isto se mostra claramente no pouco tempo q̃ poseram estes Indios em chegar a ella, & no muito que despendéram em passarem dahi ao Perú, q̃ foram dous annos como ja disse. Alem da certeza que por esta via temos, ha outros muitos Indios na terra, que tambem affirmão auer no sertam muito ouro: os quaes posto q̃ sam gente de pouca fee & verdade, daselhes credito nesta parte, porq̃ acerqua disto os mais delles sam contestes, & fallam ẽ diuersas partes per hũa boca. Principalmente he pubrica fama entre elles, q̃ ha hũa lagoa muy grande no interior da terra, donde procede o rio de sam Francisco, de que ja tratey: dentro da qual dizem auer algũas ilhas, & nellas edificadas muitas pouoações, & outras orredor della muy grandes, onde tambem ha muito ouro, & mais q̃ntidade (segundo se affirma) que em nenhũa outra parte desta prouincia. Tambem pela terra dentro, nam muito longe do rio da Prata descobriram os Castelhanos hũa mina de metal, da q̃l se tẽ leuado ouro ao Perú, & de cada quintal delle dizem que se tirou quinhentos & sesenta tenta cruzados,& de outro trezentos & tantos: o demais q̃ della ſe tira he cobre infinito. Tambẽ deſcobriram outras minas de hũas certas pedras brancas & verdes, & de outras cores diuerſas: as q̃es ſam todas de cinco ſeisquinas cada hũa á maneira de diamãtes,& tambẽ lauradas da natureza,como ſe per induſtria humaua o forã. Eſtas pedras nacem em hũ vaſo como coquo,o qual he todo oco com mais de quatro centas pedras orredor,todas enxeridas na pedreira com as pontas pera fora. Algũs deſtes pedernaes ſe acham ainda imperfeitos: porque dizem que quando ſam de vez que por ſi arrebentam, cõ tanto eſtrondo, como ſe diſparaſſe hum exercito de arcabuzes: & aſsi acháram muitas, que com a furia (ſegundo dizem) ſe metem pela terra hũ & dous eſtadios. Do preço dellas nam trato aqui, porque ao preſente o nam pude ſaber: mas ſey que aſsi deſtas como doutras ha neſta prouincia muitas & muy finas,& muitos metaes,dõde ſe pode conſeguir infinita riqueza. A qual permittirá Deos, que ainda em noſſos dias ſe deſcubra toda,pera que com ella ſe augmente muito a coroa deſtes Reinos: aos quaes deſta maneira eſperamos (mediante o fauor diuino) ver muito cedo poſtos em tam felice & proſpero eſtado, que mais ſe nam poſſa deſejar.

Fim.

Impreſſo em Lisboa, na officina de Antonio Gonſaluez. Anno de 1576.

Bibliografia

Obras de Gândavo

Regras que ensinam a maneira de escrever e ortografia da língua portuguesa, com diálogo que adiante se segue em defensão da mesma língua. Lisboa: Antônio Gonçalves, 1574.

Historia da Provincia Sancta Cruz a que vulgarmente chamamos Brasil. Manuscrito IV.b.28. Real Biblioteca del Monasterio San Lorenzo del Escorial.

Historia da Provincia Sancta Cruz a que vulgarmente chamamos Brasil. Lisboa: Antônio Gonçalves, 1576.

Tratado da terra do Brasil. Coleção "Clássicos Brasileiros. II. História." Texto preparado por Rodolfo Garcia. Intr. Capistrano de Abreu. Rio de Janeiro: Edição do Anuário do Brasil, 1924.

Tratado da Província do Brasil. Reprodução fac-similar do ms. n.2026 da Biblioteca Sloaniana do Museu Britânico. Edição preparada pelo Professor Emmanuel Pereira Filho. Rio de Janeiro: INL/MEC, 1965.

Bibliografia utilizada nesta edição

AULETE, F.J. Caldas. *Dicionário contemporâneo da língua portuguesa*. Ed. bras. por Hamílcar de Garcia. Rio de Janeiro: Delta, 1959, 5 vols.

BARROS, João de. *Primeira década*. Vol.I. Seleção, prefácio e notas de Antônio Baião. Lisboa: Sá da Costa, 1945.

BILLÉ, Philippe. "Introduction", *Histoire de la province de Santa Cruz que nous nommons le Brésil*. Nantes: Le Passeur-Cecofop, 1995.

BUENO, Eduardo. *Capitães do Brasil*. Rio de Janeiro: Objetiva, 1999.

BUESCU, Maria Leonor Carvalhão. "Introdução". *Regras que ensinam a maneira de escrever e ortografia da língua portuguesa, com diálogo que adiante se segue em defensão da mesma língua*. Fac-símile da edição de 1574. Lisboa: Biblioteca Nacional, 1981.

CALMON, Pedro. *História do Brasil. Século XVI*. Vol. I. Rio de Janeiro: José Olympio, 1959.

CAMINHA, Pero Vaz de. *Carta do achamento do Brasil ao rei d. Manuel*. Org. M. Viegas e Eduardo Nunes. Lisboa: IN/CM, 1974.

CARDIM, Fernão. *Tratados da terra e gente do Brasil*. Transcrição do texto, introdução e notas por Ana Maria Azevedo. Lisboa: CNCDP, 1997.

Cartas dos jesuítas do Oriente e do Brasil. 1549-1551. Edição fac-similada. Lisboa: Biblioteca Nacional, 1993.

CORTESÃO, Armando. *Portugaliae monumenta cartographica*. Vol.IV. Lisboa: CNCDP, s/d.

CORTESÃO, Jaime. *História dos descobrimentos portugueses*. Vol.II. Lisboa, 1979.

COUTO, Jorge. "Comentário: Pero de Magalhães de Gândavo e a 'História da província Santa Cruz a que vulgarmente chamamos Brasil' no contexto da cultura renascentista portuguesa", in *O reconhecimento do Brasil*. Lisboa: Alfa, 1989.

________. *A construção do Brasil. Ameríndios, Portugueses, e Africanos do início do povoamento a finais de Quinhentos*. Lisboa: Cosmos, 1998.

CUNHA, A.G. *Dicionário histórico das palavras portuguesas de origem tupi*. São Paulo/ Rio de Janeiro: INL, 1978.

FARIA, Francisco Leite de. "Nota prévia", *História da província Santa Cruz a que vulgarmente chamamos Brasil*. Fac-símile da edição de 1576. Lisboa: Biblioteca Nacional, 1984.

FIGUEIREDO, Cândido de. *Novo dicionário da língua portuguesa*. 4ª.ed. corrigida e copiosamente ampliada. Lisboa: Portugal-Brasil Sociedade Editora/Arthur Brandão & Cia, 1925. 2 vols.

GARCIA, José Manuel. "Prefácio", *Histoire de la province de Santa Cruz que nous nommons le Brésil*. Nantes: Le Passeur-Cecofop, 1995.

Grande enciclopédia portuguesa e brasileira. Lisboa/ Rio de Janeiro, 1981.

GUEDES, Max Justo. *O descobrimento do Brasil*. Pref. Luís de Albuquerque. Lisboa: Vega, s/d.

GUEDES, Max Justo e José Manuel Garcia. *Tesouros da cartografia portuguesa*. Lisboa: Edições Inapa/CNCDP, 1997.

HEMMING, John. *Red Gold. The Conquest of the Brazilian Indians, 1500-1760*. Massachusetts: Harvard University Press, 1978.

HOUAISS, Antônio. *Dicionário Houaiss da língua portuguesa.* Rio de Janeiro: Objetiva, 2001.

HUE, Sheila Moura."Gândavo na província de Santa Cruz 500 anos depois", *Brasil e Portugal: 500 anos de enlaces e desenlaces 2. Revista Convergência Lusíada* 18, número especial. Rio de Janeiro: Real Gabinete Português de Leitura, 2001.

MACHADO, Diogo Barbosa. *Bibliotheca lusitana.* Lisboa Ocidental: A.I. da Fonseca, 1741-59.

MATOS, Luís de."Pero de Magalhães de Gândavo e o Tratado da província do Brasil". *Boletim Internacional de Bibliografia Luso-Brasileira,* vol. III, n.4. Lisboa: Fundação Calouste Gulbenkian, 1962, p.625-39.

MORAES, Rubens Borba de. *Bibliographia brasiliana.* Amsterdã/ Rio de Janeiro: Colibris,1958, 2 vols.

MOURA, Vasco Graça. *Sobre Camões, Gândavo e outras personagens.* Lisboa: Campo das Letras, 2000.

ORTA, Garcia de. *Colóquios dos simples e drogas da Índia.* Reprodução em fac-símile da edição de 1891 dirigida e anotada pelo conde de Ficalho. Lisboa: IN/CM, 1987, 2 vols.

PEREIRA FILHO, Emanuel. Introdução ao *Tratado da província do Brasil.* Rio de Janeiro: INL/MEC, 1965.

________."Gândavo e Luís de Camões", *Estudos Camonianos* 1. Rio de Janeiro: MEC/ Departamento de Assuntos Culturais, 1974.

SOARES, Francisco. *Cousas notáveis do Brasil.* Transcrição em português atual por Maria da Graça Pericão. Comentário de Luísa Black. Lisboa: Alfa, 1989.

SOUSA, Gabriel Soares de. *Notícia do Brasil.* Transcrição em português atual por Maria da Graça Pericão. Comentário de Luís de Albuquerque. Lisboa: Alfa, 1989.

TAUNAY, Affonso de Escragnolle. *Zoologia fantástica do Brasil. Séculos XVI e XVII.* Apresentação de Odilon Nogueira Matos. São Paulo: Edusp/Museu Paulista da Universidade de São Paulo, 1999.

Bibliografia especializada: botânica e zoologia

Brasil 500 Pássaros. Relatório do Museu Paraense Emílio Goeldi sobre a Avifauna de Tucuri. Brasília: Eletronorte, 2000.

CAMPELL, J.A. e W.W. Lamar. *The Venomus Reptilis of Latin America.* Ithaca/ Londres: Cornell University Press, s/d.

EISENBERG, J.F. *Mammals of The Neotropics. Vol.1: The Northern Neotropics*. Chicago: The University of Chicago Press, 1989.

FOSTER, N. e L.S. Cordell. *Chillies to Chocolate. Food the Americas Gave the World.* Dallas: The University of Arizona Press, 1992.

HEISER, C.B. *Seed to Civilization: The Story of Food.* Massachusetts: Harvard University Press, 1990.

REDFORD, K.H e J.F. Eisenberg. *Mammals of The Neotropics. Vol.2: The Southern Cone*. Chicago: The University of Chicago Press,1992.

SMITH, N.H.; J.T. Williams; D.L. Plucknet; J.P. Talbot. *Tropical Forest and Their Crops*. Ithaca/Londres: Cornell University Press, s/d.

Agradecimentos

Não poderíamos deixar de agradecer o apoio e a contribuição dos amigos Cleonice Berardinelli, Daisy Cabral Nogueira, Regina Maria Drummond de Paula Menegaz, Gilda Santos, Tomás Pereira, Jorge Hue, Vera Lúcia Garcia Menezes, Denise Moraes e Sérgio Sá Leitão, além das instituições Biblioteca Nacional do Rio de Janeiro, Biblioteca Nacional de Lisboa e Biblioteca de San Lorenzo de El Escorial.

Sobre os organizadores

SHEILA MOURA HUE, carioca, é doutora em literatura portuguesa pela Pontifícia Universidade Católica do Rio de Janeiro e jornalista pela Universidade Federal do Rio de Janeiro (UFRJ). É pesquisadora e professora de literatura portuguesa do Programa de Pós-graduação em Letras Vernáculas da Universidade Federal do Rio de Janeiro através do ProDoc/Capes e coordenadora do Núcleo de Pesquisa "Manuscritos e Autógrafos" do Real Gabinete Português de Leitura. Desde 1996 dedica-se ao estudo de escritores e poetas quinhentistas portugueses, em especial Pero de Magalhães de Gândavo e Luís de Camões, tendo ensaios publicados no Brasil, em Portugal e na Espanha.

RONALDO MENEGAZ nasceu no Espírito Santo e é doutor em letras vernáculas e literatura portuguesa pela Universidade Federal do Rio de Janeiro. É pesquisador da Cátedra Padre António Vieira da Pontifícia Universidade Católica do Rio de Janeiro, instituição na qual lecionou durante nove anos. Foi Técnico em Assuntos Culturais da Biblioteca Nacional e atualmente trabalha como lexicógrafo na elaboração da quarta edição do *Vocabulário Ortográfico da Língua Portuguesa* da Academia Brasileira de Letras. Membro da Associação dos Trabalhadores do Manuscrito Literário, pertence também ao Núcleo de Pesquisa "Manuscritos e Autógrafos" do Real Gabinete Português de Leitura. É responsável pela fixação do texto de diversas edições de originais dos séculos XV e XVI, entre eles *O livro de Isaac de Nínive* (Biblioteca Nacional, 1994), *Teatro de António Ribeiro Chiado – Autos e práticas* (com Cleonice Berardinelli; Lello & Irmão, 1994) e "O auto de el-rei Seleuco", de Luís de Camões (*Revista Dionysos*, Serviço Nacional de Teatro, 1972).